| habito | I inhabit |
| mientras construyo, | while I build, |
| mientras planeo, | while I plan, |
| mientras resisto, | while I resist, |
| mientras me desalojan | while I'm evicted |

# arquitectura sin arquitectos

# architecture without architects

## sandra calvo

Arquine

MUSEO UNIVERSITARIO DEL CHOPO

CULTURA FONCA
SECRETARÍA DE CULTURA

culturaUNAM

UNAM La Universidad de la Nación

# Contenido | Contents

*Arquitectura sin arquitectos*[1]
Trazo, espacio, habitáculo
Sandra Calvo

*La casa como geometría emocional. La vida contiene la casa y la casa contiene la vida. La vida no se separa de la arquitectura. Vida y arquitectura se entretejen de manera orgánica, armónica y violenta.*

I
Premisa

En muchas partes de Latinoamérica la casa no es un lugar de bienestar o confort, mucho menos de protección ni un espacio planeado y terminado bajo una lógica funcional o ideal. Por el contrario, la casa constituye casi siempre una estructura fluida, dinámica, activa, dúctil, cruda y modular. Entidad que responde a los cambios de la familia, a la cultura del habitar y a restricciones económicas, políticas y legales.

La autoconstrucción es casi la única forma de poder hacerse de una casa para aquellos *ciudadanos* que son a la vez residuo y sostén del modelo neoliberal.

A diferencia de la vivienda formal, que suele cumplir con un programa de linealidad y predictibilidad —primero planeo, luego construyo y luego habito— en una de vivienda informal las etapas del ciclo son simultáneas:

*Habito mientras construyo,*
*mientras planeo, mientras resisto,*
*mientras me desalojan*

*Architecture without Architects*[1]
Trace, Space, Habitat

*A house is an emotional geometry. Life includes the house and the house encompasses life. Life cannot be separated from architecture—they are organically, harmoniously, and violently intertwined.*

I
Premise

In many parts of Latin America the house is not a place of well-being or comfort, much less of protection. Nor is it a planned, finished space that follows a functional or logical ideal. On the contrary, the house comprises a raw, fluid, dynamic, malleable and modular structure—an entity that responds to changes in family, the culture of habitation, as well as to economic, political and legal restrictions.

*Auto-construction*, the process of building one's own house with little or no professional help, is almost the only form of securing a house for those *citizens* who exist outside of the predominant neoliberal model, yet at the same time support it with their labor, thereby getting the proverbial short end of the stick.

Unlike formal housing, which tends to comply with a progressive, predictable program—first I plan, then I build, then I inhabit—in informal housing, the successive stages of this cycle happen simultaneously:

*I inhabit while I build,*
*while I plan, while I resist,*
*while I'm evicted*

Esta premisa es la piedra angular de mi trabajo, pues sintetiza el estado de crisis permanente y la incertidumbre en la que viven esos enclaves.

*Arquitectura sin arquitectos* —en adelante referido como ASA— es un proyecto colaborativo y de sitio específico, que tuvo lugar de noviembre de 2012 a diciembre de 2014 en el barrio de Villa Gloria, un complejo de casas de autoconstrucción ubicado en Ciudad Bolívar, localidad al sur de Bogotá. ASA se realizó en colaboración con una familia de residentes, participando de sus prácticas constructivas y proyectando, mediante una estructura de hilo, los deseos latentes de la familia sobre su propia vivienda.

II
Villa Gloria
Ciudad Bolívar, Bogotá, Colombia

Villa Gloria, al igual que muchos barrios periféricos, es parte de un asentamiento urbano que ha sufrido un crecimiento desmesurado en los últimos quince años y que se ha extendido de manera irregular, casa a casa, hasta dominar el horizonte. Las viviendas, construidas en terrenos no habilitados, carecen de lo básico —luz, agua y drenaje— y cuentan con escasos servicios escolares, culturales y sanitarios. Por lo general, las familias que las habitan son quienes autoconstruyen sus hogares, pavimentan sus aceras e instalan su alumbrado: conforman su inmobiliario y su endeble infraestructura urbana. Son pioneros que, sin tener consciencia de ello, llevan a cabo una tarea de conocimiento especializado y que, a pesar de sus limitaciones, conciben estrategias, basadas en la improvisación, para la construcción de espacios precariamente habitables, en ocasiones efímeros. Ciudadanos invisibles, desprovistos de herramientas legales, habitantes en los márgenes de la pobreza extrema, que muchas veces no disponen de una identificación

This premise is the keystone of my project, as it captures the state of permanent crisis and uncertainty in which these enclaves exist.

*Architecture without Architects*—henceforth referred to as ASA for its initials in Spanish—is a collaborative and site-specific project that took place between November 2012 and December 2014 in the *barrio* of Villa Gloria, a zone of self-built houses in Ciudad Bolívar, in southern Bogotá. ASA was produced in collaboration with a family of local residents, and involved itself in their construction practices, using a thread-based structure to project the latent desires of the family regarding their home.

II
Villa Gloria
Ciudad Bolívar, Bogotá, Colombia

Like many peripheral neighborhoods, Villa Gloria is part of an urban settlement that has witnessed unrestricted growth in the past 15 years and has expanded in an irregular fashion, house by house, to fill the horizon. The homes, built on unregulated land, lack basic services, such as water, plumbing and electricity. These communities also suffer from inadequate educational, cultural and healthcare services. This is why families who inhabit these places must build their own homes, construct roads, install street lighting and effectively create their own fragile urban infrastructure. They are pioneer families who, without being aware of it, assume tasks that normally require specialized knowledge and who, despite their limitations, must improvise strategies for the construction of spaces that are often barely inhabitable or temporary. In other words, they are invisible citizens devoid of legal status who live on the brink of extreme poverty, often lacking any form of official

oficial o acta de nacimiento. Trabajadores de maquilas o comerciantes ambulantes, sin contratos laborales o protección social, con la imposibilidad de un ahorro semanal, y con una economía familiar donde contribuyen desde el más pequeño hasta el más grande. Personas que se trasladan diariamente de tres a cinco horas para llegar a sus lugares de trabajo, y que gastan hasta un tercio de sus sueldos en pasaje.

A todo esto debemos sumar que en estos barrios hay pocas garantías legales. Los permisos para la construcción son casi inexistentes y la posibilidad de escriturar un pedazo de tierra es poco viable. La corrupción y la extorsión por parte de los funcionarios públicos están presentes en cada uno de los momentos de la construcción de la vivienda. Se vive al margen de las reglas, de ahí que sus habitantes experimenten una zozobra permanente por el temor de ser expulsados de sus propias casas.

Este proyecto aborda la problemática de estos lugares: estructuras frágiles, en tensión y susceptibles a todo tipo de vaivenes. Territorios entrampados en vacíos legales, coartados por intereses políticos y económicos, que plantean una serie de dificultades a la hora de definir su origen y su devenir. ¿Cómo legitimar el reclamo de un pedazo de suelo? ¿Cómo hacer una justa valoración sobre territorios que han tenido múltiples dueños a lo largo del tiempo? ¿Quién, cómo y dónde puede y debe construir? ¿Quién despoja? ¿Quién es despojado? ¿Quién es dueño? ¿Quién es invasor?

Esta situación recurrente se extiende por todo el Sur Global.[2] Mi investigación previa ocurrió en Chimalhuacán, Estado de México, y culminó en Bogotá gracias al apoyo de diversas instituciones.[3] Bien podría haberse dado en São Paulo, en Lima, en Mumbai, o en cualquier ciudad que comparte un crecimiento desmesurado, con altos niveles de desigualdad y segregación.

identification, even birth certificates. Such communities include assembly plant workers or street vendors without labor contracts or social protection—people who, in many instances, spend three to five hours commuting every day to their places of work, and who spend up to a third of their income on transport. These conditions make it impossible for workers to have savings, and make it necessary for every member to contribute to the family economy, from the youngest to the oldest.

Adding to these challenges is the lack of legal guarantees in these neighborhoods. Construction permits are virtually non-existent and the possibility of obtaining a deed to a parcel of land is out of the question. Corruption and extortion on the part of public officials are present at every stage in the process of constructing a house. These people exist on the margins of society, and as such are constantly under threat of being evicted from their homes.

This project addresses the problems of these fragile structures, susceptible to all kinds of instabilities—riven by legal vacuums, competing political and economic interests, and countless obstacles when it comes to obtaining property rights, defining stakeholders and planning for the future. How can a claim to a parcel of land be legitimized? How to make a just appraisal of lands, when those lands have had multiple owners over time? Where and how should homes be built, and by whom? Who is a land-owner and who is a squatter? Who gets evicted?

This situation extends throughout the Global South.[2] My previous research began in Chimalhuacán, State of Mexico, and culminated in Bogotá with the support of several institutions.[3] However it could just as easily have been conducted in São Paulo, Lima, Mumbai or any other city faced

La periferia siempre ha sido una franja de tierra manipulable, asumida como un pedazo de suelo baldío, difuso: la frontera, el borde, los límites que no pertenecen a nadie, en suspensión. Suelos con tenencia relativa, terrenos en disputa que cambian de mano en mano a lo largo del tiempo. Lotes susceptibles al despojo y a la fragmentación según los intereses políticos y económicos sobre la zona. Predios con dueños legítimos aunque sin escrituras, y tierras abandonadas por el Estado que después de adquirir plusvalía son arrebatadas a aquellos que las habitan de manera "ilegal" para abrir camino a proyectos de desarrollo urbano o de erosión y saqueo del paisaje. Paradójica o naturalmente, un espacio donde florece el autoaprendizaje y la autoorganización.

III
Autoconstrucción: *metis*

En la autoconstrucción, el espíritu de la casa no se le delega a un especialista. Desde el inicio, y a medida que avanza la construcción, los habitantes intervienen en el diseño con una libertad particular para definir y construir el espacio, afectando de forma profunda y radical la estructura de la casa. Los inquilinos de una vivienda "formal" no se atreverían a tomar decisiones así.

Esta práctica no tiene nada de utópica: su arquitectura es limitada y mínima, así como las posibilidades con las que se autoconstruye; y sí, es un trabajo "plebeyo" desde el punto de vista arquitectónico, desnudo, descarnado, pero también ingenioso. La autoconstrucción de vivienda popular es distinta a lo que podríamos entender como "hágalo usted mismo", es un mecanismo de resistencia y de lucha constante por la apropiación de un lugar para habitar.

Al igual que casi todas las obras autoconstruidas, el proyecto acontece en una especie de obra

with massive growth, high levels of inequality and segregation. Urban peripheries have always been subject to manipulation. Initially treated as decontextualized territories without any inherent value—these lands have changed hands on countless occasions over time and have been considered as belonging to no one. Badlands, frontiers or borderlands—they have been seen as suspended in limbo, territories in dispute. These plots of land are often broken up according to the political or economic whims that hold sway at any given moment—parcels of land with legitimate owners yet without title deeds. Such territories, abandoned by the state, are reclaimed from those who inhabit them "illegally" once they acquire value, to make way for urban development or natural resource extraction. Despite all of these obstacles however, these are territories in which innovation, creativity and self-organizing flourish.

III
Auto-construction: *Metis*

In a self-built dwelling, the essence of the house isn't delegated to a specialist. From the outset, and throughout the successive stages of construction, the occupants are directly involved in the design. This allows them a particular freedom to (re)define and build the space as they wish. This, radically and profoundly affects the structure of these houses. Residents innovate and take risks which people who live in legitimate housing would never dare to.

There is nothing utopian about this practice. The architecture is limited and minimal, as are the finances of those who self-build, and indeed, from a professional point of view, it is a "plebeian" architecture—an architecture that is stark, unrefined, but also ingenious. The auto-construction

negra permanente, de apuntalamiento perpetuo, a medio construir, en un estado de "ruina al revés",[4] de equilibrio inestable. Cada casa que se extiende sobre el promontorio de Ciudad Bolívar ocupa un espacio difuso y un trazado amorfo que se sostiene sobre rocas porosas, suelos inestables de pendientes pronunciadas y deslaves continuos.

Estas viviendas comparten una planeación básica: estructura mínima de concreto, piedras, ladrillos, pedazos de madera, vidrios, plásticos, montículos de cascajo, metal, gravilla mojada, trozos de cartón, maleza y lonas quemadas por el sol. Materiales que registran el paso del tiempo, láminas que servían de techo, hoy cercan un pedazo de terreno. Es común ver castillos, esqueletos de varilla, que sostienen las columnas de una casa. Se colocan en cada esquina de la losa, apuntalando un futuro nivel, señalando un posible segundo piso, cuarto o estancia. Monumentos menores que se oxidan y se doblan, en la espera de devenir estructura, pilares que sostienen techos de aire. Quizá el elemento más repetido del paisaje urbano en Latinoamérica.

En este sentido, ASA hace eco, como sugiere el politólogo James C. Scott, del papel de la inteligencia práctica, de la intuición y de la *metis*[5] en la esfera de la economía informal. En esta última se da forma a objetos y espacios por medio de una suerte de ingeniería inversa o ingeniería popular, que atiende mediante adhoquismos problemas que no pueden resolverse con la aplicación de rutinas rígidas y preestablecidas. Los espacios se mantienen en permanente apertura, entre un estado de inicio y otro de abandono. En éstos subsiste una lógica de los pequeños pasos, abiertos a la sorpresa y a la inventiva, reversibles y revisables. *Metis* representa el conocimiento empírico —la sabiduría adquirida a través de la experiencia y la intuición— en oposición a la *techné* —el conocimiento técnico racionalizado y sistematizado.

of popular housing is different from what is commonly referred to as DIY. It is rather a mechanism of resistance; a constant struggle for the appropriation of a place to live.

Like almost all self-built houses, the project takes shape in a perpetual cycle of improvised, unfinished constructions, of rough-hewn, half-built frameworks, a "ruin in reverse"[4] rising up in precarious equilibrium. Each house that extends over the promontory of Ciudad Bolívar occupies a liminal, amorphous space, erected on porous, unstable ground with steep gradations and frequent landslides.

These houses are all of a basic type: minimal concrete structures complemented with stones, bricks, pieces of timber, glass, plastic, mounds of rubble, metal, gravel, pieces of cardboard, weeds and tarpaulins. Despite their provisional nature, these materials record the passage of time. Sheet metal that once served as a roof is now a fence; rebar is often seen protruding from the corners of concrete slabs, suggesting a potential second floor or room. These are minor monuments that rust and bend while they await a future opportunity to be assimilated into a new structure. Columns supporting roofs of thin air: these are some of the most recognizable elements of Latin America's urban landscapes.

In this regard, as political scientist James C. Scott suggests, ASA emphasizes the role of practical intelligence, of intuition or *metis,*[5] within the sphere of the informal economy. In this sense, it gives shape to objects and spaces through a kind of reverse engineering, by finding *ad hoc* solutions to problems that cannot be resolved by the application of established professional protocols. Such spaces always remain open; suspended between states of initiation and incompletion or abandonment.

En este proyecto, la *metis* es entendida y puesta en escena como un saber local. No a través de la emancipación sino como un conocimiento en sí mismo que permite a las propias comunidades la posibilidad de construir sus casas, sin seguir un modelo jerárquico y sin la necesidad, como lo indica el título del proyecto, de arquitecto alguno. La estructura de hilo también es un homenaje a esta *metis*, a medio camino entre la escultura y la herramienta, levantada paso a paso de manera empírica e instintiva.

## IV
### Echar la losa o levantar la cruz

Junto a una familia que se proponía autoconstruir su casa en el barrio de Villa Gloria, realicé un ejercicio de proyección de la vivienda. La intervención colaborativa consistió en encontrar un método que visualizara las posibilidades y dificultades que tiene una familia al planear, construir y habitar su espacio en un entorno tan vulnerable y problemático.

La primera práctica colaborativa fue la parte del *retrato*.[6] En esta fase se realizó la fundición de la losa, donde no sólo participaron los integrantes de la casa, sino también familiares, amigos y vecinos. Este paso es el más importante de la autoconstrucción. Conocido con el nombre de "echar la losa" o "levantar la cruz", es el momento fundacional donde se retiran las láminas o lonas temporales que han servido de techo y se sustituyen por una placa de concreto sólida que le da carácter de estabilidad, de pertenencia, de asentamiento "fijo" a la vivienda.

Como parte de este proceso, le propuse a la familia renovar las paredes de ladrillo para poder construir sobre cimientos más estables. Se negaron, pues algunos de los ladrillos originales habían sido fabricados por la abuela en un horno casero,

They are governed by a logic of incremental steps, open to surprise and invention, reversible and renegotiable. *Metis* represents empirical knowledge—the wisdom gained from experience and intuition—as opposed to *techné*, rational and systematized technical knowledge.

In this project, *metis* is understood as localized knowledge, not as a means of emancipation but as knowledge-in-itself, understood as the myriad possibilities available to communities when building homes for themselves—without following a hierarchical model and without the need, as the project's title indicates, for an architect. The structure made of thread also pays homage to *metis*; a practice midway between sculpture and utility, and installed piecemeal in an empirical yet intuitive manner.

## IV
### Casting the Slab or Raising the Cross

Together with a family, who intended to build their own home in the Villa Gloria neighborhood, I developed an exercise to create a design for the house. This collaborative intervention consisted of finding a method for visualizing the possibilities and difficulties a family faces while planning, building and inhabiting a home in such a precarious and problematic environment.

The first stage of this collaboration involved creating a *portrait*.[6] The casting of the concrete roof slab was completed during this phase, with the help of the immediate family members and other relatives, friends and neighbors. This is the most important phase of auto-construction, known as "casting the slab" or "raising the cross," the foundational moment when temporary sheet metal or plastic tarps that have served as a roof are at last replaced with a solid slab of concrete;

mediante una técnica poco usada actualmente. Para la familia este gesto era de gran valor, no sólo sentimental, sino utilitario, pues creían que esas piezas eran una prueba fehaciente de que tanto el terreno como la casa les pertenecían desde hacía muchos años. Una evidencia arqueológica de su derecho a residir y construir en esos suelos.

Durante esta primera etapa registramos en video la organización de una estructura productiva y participativa (*tequio*):[7] la planeación/organización de la construcción, los trabajos físicos —carga de materiales, mezcla del concreto, nivelación del terreno, colocación de vigas, malla y ladrillos, préstamo de herramientas, preparación de los alimentos— y, en último término, la celebración de la plancha —preparación del sancocho: carne, tubérculos, verdura y choclo. Bacanal.

A medida que avanzábamos iba surgiendo un entendimiento más profundo del proyecto y un involucramiento pleno. Se generó un clima propicio para poder filmar y volver a filmar. La familia se mostró entusiasta y participativa. Dialogamos mucho sobre los temas y los contenidos del filme. Fue entonces que pude registrar los detalles de la vivienda a un contexto más amplio, que la vuelven un personaje: la casa como taller o fábrica donde se producen estructuras para esta misma, el agua a cinco grados para bañarse, la casi nula entrada de luz natural, el viento que se cuela entre los ladrillos, el suelo frío e irregular, los montículos de grava, arena y piedras a la espera de ser reutilizados. Pero también la casa dentro del contexto del desplazamiento y desalojo de Ciudad Bolívar. La demolición que pulverizó con pocos movimientos losas completas; excavadoras que de un solo golpe arrancaron trozos de pared, pisos, camas. Conglomerados de escombro que se volvieron parte del paisaje, testimonios de la historia del barrio.

thus affording the dwelling a sense of stability and permanence.

As part of this process, I proposed refurbishing the brick walls to facilitate building on a more stable foundation, but the family declined as some of the original bricks had been made by their grandmother and fired in a home-made oven, a technique rarely employed nowadays. For the family, this gesture embodied great value, not just for sentimental reasons, but also in a utilitarian sense as they believed that these bricks were evidence that both the land and the house had belonged to the family for generations—archeological evidence of their right to build and reside on this land.

On video, we documented this first phase of self-organization that adopted a productive, participatory structure (*tequio*)[7] for planning and organizing physical labor—carrying materials, mixing concrete, leveling the terrain, installing beams, laying wire mesh and bricks, lending tools, and food preparation. This culminated in a celebration to mark the casting of the slab, by preparing a traditional *sancocho* feast of meat, potatoes, vegetables and corn.

As we progressed, we were able to forge a closer relationship with the families and deepen our understanding of the project. This in turn allowed us to capture more of the building process on film. The family was enthusiastic and directly involved, and we spoke a great deal about the content and issues to be presented in the film. I was now able to more succinctly document aspects of the process that allowed the house to take shape in a broader context, where it became the main character. This included the cold uneven floors; the bathing water barely above freezing point; the near-total lack of natural light; the wind that whistled through gaps between bricks; the

## V
## La casa de hilo

Una vez construido el techo, se le propuso a la familia la proyección del segundo nivel. A partir de varias conversaciones entre los residentes acerca de la viabilidad de un segundo piso, se generaron acuerdos y diferencias de opinión sobre los nuevos espacios domésticos. Se ideó un método para tomar las decisiones del crecimiento de la casa y, con hilos de algodón, se proyectaron los espacios futuros. Ésta es la segunda fase del proyecto, el giro poético.

Se elaboró un código: con hilo negro se trazaron los espacios consensuados por la familia y con hilo rojo los espacios en discordia, una manera de evidenciar las tensiones internas y las limitantes externas de vivir a la intemperie. El resultado visible de estas negociaciones fue un plano arquitectónico en vivo, un dibujo tridimensional que sugería, a escala 1:1, la ubicación y tamaño de cada parte de la casa que se pretendía construir: vanos que serían puertas o ventanas, muros de ladrillo, una escalera de caracol que comunicaría las dos plantas… Esta suerte de escultura flexible invitaba a ser transitada, permitía la circulación en torno a cada sección y propiciaba diversas lecturas que desbordaban la finalidad práctica de la proyección arquitectónica.

La idea de la casa de hilo surgió durante la fase de construcción de la losa. La familia utilizaba un sistema de tiralíneas para nivelar el terreno: un hilo tensado, amarrado a un clavo en cada extremidad, con tintura roja, era jalado a la mitad para que, al soltarlo, rebotara y quedara la marca de la línea en la pared. Este sencillo gesto utilizado por los albañiles para nivelar los espacios posee una plástica de la que no me había percatado hasta ese momento. Este método me hizo pensar en que

heaps of gravel, sand and stones awaiting further use; the house as workshop and warehouse, with raw materials to facilitate future expansion. But also the way in which the house was firmly entrenched within the cycles of displacement and dispossessions of Ciudad Bolívar. Where bulldozers demolish entire dwellings in minutes, where mobile cranes obliterate walls, floors, tables, beds and more in one swoop. These mountains of rubble and debris become part of the landscape once more, testimonies to the neighborhood's history.

## V
## The House of Thread

Once the roof was installed, I proposed we design the yet unbuilt second floor. This led to further discussions among the residents about the viability of a second floor, as well as debates and differences of opinion regarding the layout of these new spaces. To determine the layout for an additional storey, we developed a method whereby the proposed spaces were traced out using cotton thread. This became the second phase of the project: a poetic *détournement*.

We established the following code: black thread was used for spaces in which the family members had reached consensus, while red thread represented the spaces they disagreed on. This became a way of making the internal tensions and external limitations of living without shelter visible. The tangible result of these negotiations was a life-sized architectural model; a three-dimensional drawing on a 1:1 scale that sketched out the location and size of each part of the house to be built—including voids, those spaces that would become doors or windows; brick walls and even a spiral staircase linking the two floors. This flexible sculpture

ese hilo con tintura podría también ser utilizado para alzar una estructura que le diera cuerpo de manera sutil a los espacios futuros de la casa. No hubiera dado con la solución trabajando desde el estudio; mi estudio es siempre *in situ*.

De esta forma, la ampliación se volvía palpable, podía visualizarse y la casa podía recorrerse en tercera dimensión. Los hilos crearon espacios que, si bien eran imaginarios, también constituían todo un sistema de autoorganización para la autoconstrucción, además de que lograron generar diálogos entre los habitantes del barrio, como pensar que ésta era una nueva metodología arquitectónica. El gesto escultórico jugaba con el dinamismo de un lugar habitado, semihabitado y por habitar.

La casa de hilo atrapó el espacio, desmaterializó lo físico y creó un cruce entre escultura, dibujo y arquitectura. La idea de elaborar una escultura sin peso, generó sutileza, espacios atrapados en negativo: trazo, espacio y habitáculo. Al mismo tiempo, los hilos en el aire tuvieron otro significado, mostraron la fragilidad de la casa al ser transitada, la vibración de sus paredes, ventanas, escaleras y techos de hilo. La estructura etérea, la casa invisible, simbolizó la esperanza y la fragilidad de sus sueños, lo que está en juego: vidas enteras de esfuerzo.

Al momento que los habitantes de la casa tensan el hilo de ASA, no sólo proyectan en un sentido funcional un plano arquitectónico, sino que además van dibujando sus deseos y pulsiones, sus conflictos y acuerdos por una vivienda mejor o más grande, por brindar una mejor calidad de vida a los suyos.

La casa de hilo visibilizó los procesos de planeación y las dificultades que enfrenta una familia cuando decide proyectar y ampliar un espacio en una situación de autoconstrucción e irregularidad. Los integrantes se ven obligados a entender las condiciones del terreno, las limitaciones del confinamiento

invited interaction by allowing for the total circumnavigation of each space, and encouraging new engagements extending well beyond the purely practical intention of the architectural design.

The idea of a *house of thread* emerged during the first phase while casting the slab. The family used a system of die lines to level the ground: thread coated in red dye suspended between nails at either end that when snapped leaves guidelines on a wall. This simple method used by builders to level spaces possessed a visual quality which I hadn't noticed until that moment. This technique made me realize that this thread could also be used to define a structure by subtly giving form and dimension to the future spaces of the house. This might never have occurred to me if my studio had not been *in situ*.

In this way, the proposed extension to the house became tangible and could be visualized, allowing the notion of "house" to be explored in three dimensions. The threads created spaces that —even if only imaginary—established a whole system for self-organization and auto-construction, while also fostering dialogues between local residents who wondered if this could be a new way of planning a building project. This sculptural gesture played with the dynamism of a space that was simultaneously occupied, semi-occupied and awaiting occupation.

The house of thread trapped space, dematerializing its physical boundaries—a conjunction between drawing, sculpture and architecture. This idea of creating a weightless sculpture generated an architecture of subtleties, delineating positive and negative, interior and exterior. At the same time, the suspended threads generated another meaning: the vibrations of these imagined walls, windows, stairs and roofs exposed the fragility of the

con los vecinos y la inevitable posibilidad de un desalojo. ¿Dónde empieza o termina tu propiedad? ¿Quién provee los materiales? ¿Quién la construye, quién la habita? Las personas también se ven obligadas a negociar al interior de la familia sobre el uso de los espacios, el aporte económico y la fuerza de trabajo. ¿De quién es la casa si el tío aportó la puerta y el primo hizo la mezcla? La noción de pertenencia y de propiedad es mucho más compleja. Los conflictos familiares, tanto emocionales como económicos, son determinantes y se reflejan en la construcción orgánica de la casa.

La casa de hilo es como un pequeño parlamento, un ágora, una asamblea donde se discuten acuerdos y desacuerdos sobre el trazo de su futura forma arquitectónica —cómo estará construida, para quién y para qué. Está ahí, dispuesta para el debate. Aquí se crea la política, cuando la gente desarrolla una opinión pública mediante reuniones, discusiones, y delibera acerca de hechos transitorios o permanentes. Este es el "Parlamento de las cosas" del que habla Bruno Latour, esa posición estratégica que nos permite reflexionar sobre los derechos de lo colectivo, a la vez que materializa la negociación.

house as people moved through it. This ethereal structure—an invisible house—symbolized the vulnerability of their hopes and dreams, of what was at stake and of all their future endeavors.

When the inhabitants of the house drew this ASA, they were not only designing an architectural plan in a functional sense, but also animating their hopes and desires, their conflicts and agreements for a better or bigger house, for a better quality of life.

The house of thread visually articulated this planning process and the difficulties a family faces when it decides to design and expand a space in precarious circumstances through auto-construction. Families are forced to understand the conditions of the terrain, the limitations of sharing space with neighbors, and the inevitable possibility of eviction. Where does your property begin or end? Who provides the materials? Who builds and who inhabits? The family is also forced to negotiate amongst themselves the use of space, as well as economic and labor contributions. This notion of belonging and ownership is further complicated, for example, when an uncle supplies a door or a cousin mixes the cement. Family conflicts, both emotional and economic, are decisive and reflected in the organic construction of the house.

The house of thread is also like a small parliament, an agora, an assembly where agreements and disagreements regarding its future architectural form are debated—how it will be built, for what purpose and for whom. Politics arise when public opinion is expressed through meetings, discussions, and deliberations in response to changing circumstances and supposedly immutable facts. This is the "Parliament of Things" of which Bruno Latour speaks, the strategic position that allows us to reflect on the rights of the collective, while materializing the negotiation.

VI
Leyenda local

Una de las grandes contribuciones del arte es su capacidad de gestar cambios a partir de la suspensión de lo cotidiano, la posibilidad de modificar formas de representación, espacios autónomos dentro de la vida. El arte permite la ampliación y redefinición de conceptos, genera un momento de pausa, un campo de juego donde las ideas y las definiciones están abiertas.

En *Arquitectura sin arquitectos* se rompe de manera crítica con estigmas e ideas preestablecidas sobre las definiciones de construcción, ilegalidad, casa, hábitat, propiedad, escombro, tierra. La representación de casa pasa de ser una estructura de concreto, dura y sólida, a ser el resultado de lo que realmente es: frágil, inestable y de una enorme plasticidad. Se rechaza la idea de que una casa, cualquier casa, pueda ser "informal". Por muy sencilla, mínima o incompleta, la casa puede devenir en una leyenda local.

Cuando construyes una casa de hilo no estás conformando literalmente una casa, sino un mito que activa las narraciones, los afectos, las proyecciones; una excusa para despertar una nueva percepción, un nuevo sentimiento, una nueva consciencia que nos permite introyectar la vivienda informal como algo propio, algo de lo que somos parte.

Mi intención fue irrumpir en la cotidianidad, y la retribución de la obra estuvo en la acción misma de proyectar una casa de autoconstrucción, en el intercambio de saberes y en la discusión que surge de un binomio tan elemental como trazar una casa con hilo rojo y negro.

La esencia del proyecto consistió en el ir y venir de las actividades constructivas —"echar la losa" o "levantar la cruz"— y proyectivas —la

VI
Local Myth

One of art's major functions is its capacity to visualize change by temporarily suspending the quotidian—modifying forms of representation, and creating spaces that exist outside everyday life. Art enables a more precise definition and expansion of concepts and generates pauses; fields of play where ideas and meanings can remain open.

*Architecture without Architects* signals a critical rupture with the stigmas and preconceptions associated with construction, illegality, home, habitat, property, waste materials, land, etc. The representation of a house shifts from the notion of it being a concrete, solid structure to a representation that better reflects what it actually is—fragile, unstable, malleable, plastic. The idea that a house could be "informal" is summarily rejected, for no matter how minimal or incomplete a structure, the house may always yet acquire mythical proportions.

Of course, when one constructs a house of thread, one is not literally building a house but rather a myth to activate narratives, emotions, projections for the future; to awaken new perceptions, new feelings—a new awareness that allows us to make informal housing a part of our own narratives and our own histories.

My intention was to interrupt everyday life, and the incentive lay in designing a self-built house, in the exchange of knowledge, in the discussion that arose from this simple exercise of marking space with red and black thread.

The essence of the project was the dynamic created between designing the house of thread and actually constructing it—casting the slab or raising the cross—and the way in which the family successfully alternated between manual and

casa de hilo—, en la modulación de los recursos manuales y cognitivas que requiere cada momento. El contraste entre habilidades o tareas conocidas —de tipo mimético, transmitidas por los que tienen más experiencia— y tareas desconocidas —que conlleva experimentación, tanteo y riesgo— produjo una catalización, una transformación y ampliación de saberes y técnicas en todos los participantes. De este modo, se buscó desencadenar un reajuste en la percepción de la familia sobre su espacio habitacional, una modificación del significado habitual de casa, a partir de un ejercicio a medio camino entre juego y trabajo: un dispositivo que facilita la discusión y negociación de posturas antagónicas.

*Arquitectura sin arquitectos* es una práctica política que retrata la ciudad informalizada, creando pequeñas incisiones en la visión anestesiada de la vivienda formal.

cognitive labor skills at each stage. This dichotomy of known skills—often mimetic and transferable from those with more experience—together with unknown factors involving experimentation or trial and error, ultimately produced a transformation; the acquisition and expansion of knowledge and techniques by all participants. In this way, it also triggered a readjustment in the family's perception of their house, by modifying the fundamental meaning and significance of their home. An exercise halfway between work and play, through a device that facilitates the negotiation of antagonistic positions.

*Architecture without Architects* becomes a political practice designed to represent the unsanctioned and unorthodox city. It can be seen as the creation of a series of small incisions or ruptures in the anaesthetized vision of formal housing.

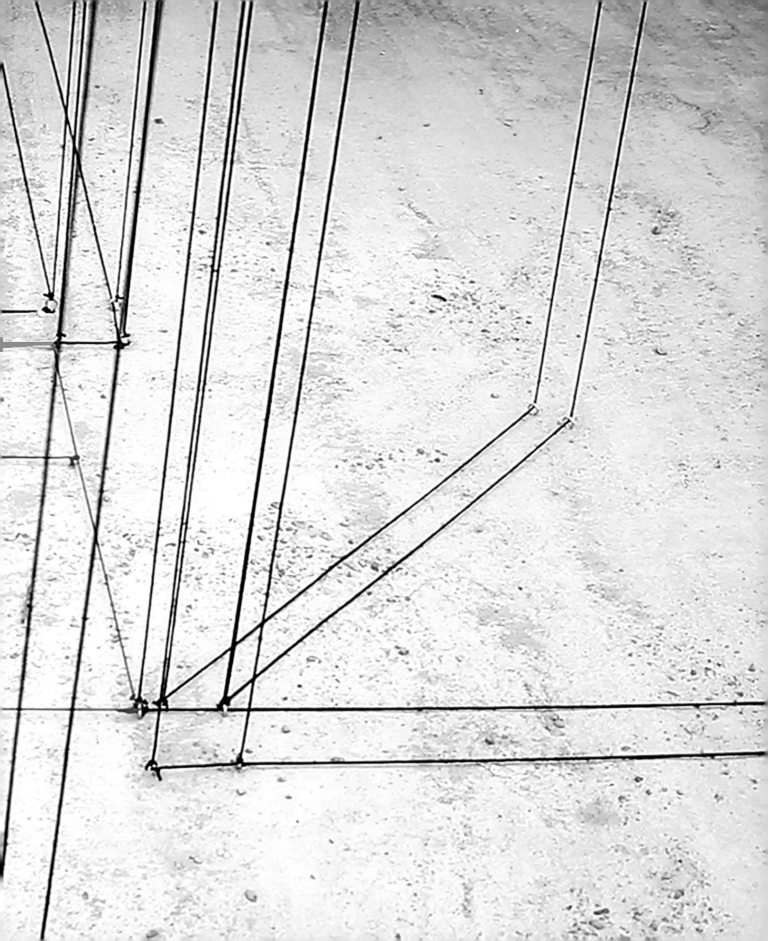

## VII
### Site/Non-site

La dualidad de *site/non-site* rechaza una visión formalista y estática del arte. El proyecto ASA tiene como origen la necesidad de crear desde un espacio problemático y en tensión y de hacerse visible en espacios públicos y expositivos. El *site* es el *locus* del conflicto y la negociación. La casa de hilo en Ciudad Bolívar es un escenario de lucha y colaboración que funciona como punto de catarsis donde la obra se conecta con la comunidad.

El *non-site* es el documental expandido dentro del espacio museístico. Éste posibilita el diálogo y la socialización con un público más amplio, que le permite al espectador conectarse con la casa autoconstruida, sus habitantes y las problemáticas de la vivienda informal. A través de este medio, fragmentario o espacializado, la arquitectura se convierte en el soporte mismo de la imagen en movimiento: muros, láminas, y vidrios son también pantallas. El filme se despliega tanto en su aspecto sensorial como narrativo, con lo que el espectador participa en un cine transitable y tridimensional, y las escenas se desbordan de la pantalla para reinterpretar los soportes tradicionales del cine. El binomio imagen-tiempo se presenta expandido: la imagen se desvanece progresivamente, parece flotar, se multiplica como un caleidoscopio y al final se deshace.

Los objetos hechos con los materiales del mundo de la autoconstrucción remiten a las memorias e historias de estos sitios. Por ejemplo, una pantalla simula una losa sobre el piso. Esta losa está compuesta de grava, cemento y arena, mismos elementos con los que se funde una placa de concreto. De modo que el espectador que transita por esta pantalla, levanta polvo y poco a poco ésta

## VII
### Site/Non-site

The duality of site/non-site rejects an outmoded formalist vision of art. *Architecture without Architects* (ASA) originated from the need to bring unsanctioned urban spaces into public exhibition venues to give them greater visibility. As *site*, the house of thread in Ciudad Bolívar becomes the *locus* of conflict and negotiation, a stage for collaborative struggle in order to reach a point of catharsis where the project intersects with the community.

Non-site is the expanded documentary exhibited in the museum, a space of circulation and public dialogue that allows spectators access to the self-built house, its inhabitants and the problems of informal housing—a fragmentary film in which architecture effectively supports the moving image, where walls, metal sheets, and glass become screens. The film unfolds in both a sensory and narrative manner, where viewers participate in an ephemeral, three-dimensional cinema. The traditional rules of cinema are re-imagined as successive scenes flood the space. Like a kaleidoscope, image and time expand, float, multiply and eventually dissolve.

In the exhibition space, auto-construction becomes a mechanism referring to the mnemonic and narrative aspects of these sites, as when a screen placed on the floor made of gravel, cement and sand simulates a concrete slab—the actual materials used to pour concrete. As people approach, linger and exit, dust and debris are incrementally displaced, and the screen slowly dissipates, losing its shape.

The *in situ* house of thread is of an ephemeral nature and serves as a design tool, a guide for the actual construction. In the museum (non-site),

va perdiendo su forma. Metafóricamente, las personas se llevan la casa en las suelas de sus zapatos.

La casa de hilo *in situ* es de naturaleza efímera y sirve para proyectar. Su propósito principal es fungir de guía para una construcción sólida. Dentro del espacio museístico (*non-site*), el plano arquitectónico deja de ser una proyección y deviene en una escultura o en una instalación con una carga simbólica distinta. Los hilos de algodón pueden ser percibidos como hilos que conectan a las personas, es decir, como representación de los lazos afectivos que se van generando entre los familiares, amigos y vecinos que participan en la construcción de una casa. La estructura de hilo en el cubo blanco se eleva a manera de homenaje al proceso continuado de proyección que sucede en la cabeza y en las conversaciones de sus inquilinos mientras habitan y construyen el lugar.

## VIII
### Indisciplina

Tanto el arte como la ciencia son sistemas cognitivos que rara vez validan formas de conocimiento fuera de su propio discurso; son pequeños actos de fe en busca de una "verdad". Si bien es cierto que el arte goza de una licencia poética que te libera de la demostración o justificación con datos duros, el arte contextualizado y social nunca es imparcial o gratuito. Todo lo contrario: siempre tiene consecuencias, es un arte de entrar en escena, de afectar, de ser afectado y de implicarse. Por otro lado, los formatos convencionales de la ciencia política y la antropología suelen ser rígidos y acartonados. La interdisciplina o, más bien, la indisciplina me permite de una manera más orgánica y natural abordar algo tan complejo como la vivienda, pues el encuentro con la obra ya no es el encuentro con un objeto.

the architectural plan is no longer mere projection, but becomes a sculpture and installation with another level of associations. Here, the constellation of threads may be interpreted as the links connecting people—a distillation of the emotional bonds between family members, friends and neighbors who took part in the construction of the house. The thread structure in the gallery stands as a homage to the continuous process of designing that took place in the minds of—and through conversations amongst—the residents, while simultaneously inhabiting and building their home.

## VIII
### Indiscipline

Both art and science are cognitive systems that rarely endorse forms of knowledge outside of their own discourse—methodologies in search of a "truth." Art enjoys poetic license, generally operating outside the need to demonstrably substantiate facts, unlike science. Socially engaged art, however, is never impartial. On the contrary, the practice of staging interventions—of affecting and being affected, and getting involved—always has consequences. On the other hand, the established protocols of political science and anthropology are often conventional and restricting. Interdisciplinarity—or rather, indiscipline—allows me to address the complexities of housing in a more organic way, since an encounter with the work is no longer first and foremost an encounter with an object.

I use tools and methods, which are not purely scientific, to analyze social constructs. Still, my practice echoes aspects of anthropological fieldwork, though it is not invested in either academic research or investigative journalism. It is neither a

Laboro con una serie de herramientas que se relacionan con un descubrimiento del campo de lo social que no necesariamente es científico —no es antropología pura—, aunque tiene resabios o ecos de lo que podría ser el trabajo etnográfico. No se trata de una práctica académica o de periodismo de investigación; tampoco de un documental lineal o cine ensayo como tal, ni de una aproximación arquitectónica formal.

Podría decir que mi trabajo se desenvuelve en el terreno del documental expandido, pues éste amplía la narrativa convencional y hace uso de diversas modalidades para crear una atmósfera física que facilite la participación del espectador, uniendo diferentes disciplinas, como la arquitectura, la etnografía, la narrativa, la interactividad y la instalación.

El filme, aun sin ser lineal, está emparentado con el tiempo político de Chantal Akerman, Sharon Lockhart y Béla Tarr —tomas largas, aparentemente sin edición, que no dan descanso al espectador, para hacer visibles procesos de trabajo que, por lo general, permanecen ocultos. Un cuarto, un gesto, un rostro, un lugar a explorar, a contemplar. Un cine documental, como la propuesta participativa de Jean Rouch, que provoca lo que filma y filma lo que provoca, que induce o introduce incidentes críticos que cambian la situación inicial de un grupo humano mientras se filma su reacción y transformación con respecto a ese incidente.

En *Arquitectura sin arquitectos* el incidente crítico es la proposición a una familia de Ciudad Bolívar de un simulacro escultórico arquitectónico: la elaboración de la casa de hilo. Una proyección que está en las antípodas del trabajo de un arquitecto.

linear documentary nor a film essay, nor indeed a formal architectural approach. Rather, my work unfolds as an expanded documentary, broadening conventional narrative and making use of diverse modalities to create a physical environment that facilitates viewers' participation. Different disciplines such as architecture, ethnography and writing are brought together through the installations and interactivity.

The film, though not linear, is akin to the politicized time frame of Chantal Akerman, Sharon Lockhart and Béla Tarr—employing long takes, seemingly without editing, that don't allow the viewer a reprieve. This serves to illustrate labor processes that generally remain hidden—a room, a gesture, a face, a place to explore—to contemplate.

The project is further indebted to Jean Rouch's participatory documentary practice, a cinema that provokes and induces what it films, introducing critical confrontation into situations during filming and recording the reactions and transformations of participants.

In ASA this critical shift occurs in the proposal made to the family in Ciudad Bolívar that we make a sculptural/architectural simulation using thread —a strategy that inverts the work of an architect.

IX
To Affect and to Be Affected

Community work is never impartial or unbiased and is often riddled by conflict. When no catharsis-inducing element is present or when respective subject positions are no longer questioned, we find ourselves in an anesthetized *locus* and should be wary of such moments of complacency. In ASA the collaboration between families made tensions within the community visible,

IX
Afectar y ser afectado

El trabajo comunitario nunca es neutral, nunca es objetivo y siempre está lleno de conflictos. Cuando no hay un elemento catártico que ponga en duda tanto tu posición como la del otro, hay que desconfiar de esa zona de seguridad, el *locus* anestesiado. En el proyecto de ASA la colaboración entre los familiares mostró la tensión al interior de la comunidad, al momento de tomar decisiones sobre la división y el uso del espacio.

Uno de los retos más grandes de trabajar con comunidades es lograr implicarse de manera honesta, afectar y ser afectado, responsabilizarte y aceptar las consecuencias que derivan de esa colaboración. En la medida en que realmente te implicas en un proyecto, la participación nunca termina: se transforma, deviene memoria, reflexión y posibilidad.

Hay un elemento principal en este tipo de trabajos que se llama el proceso de construcción de confianza, que requiere perseverancia y empatía. La colaboración surge de la afectividad, pero esta conexión no siempre es armónica o generadora de consensos. Colaborar significa posicionarse. Cuando se toma una postura existe el conflicto y el desacuerdo. Marina Garcés lo llama la "honestidad con lo real", un arte honesto, que entra en escena, que no es banal u objetivo, que es confrontativo, que violenta la realidad y que está inmerso en las problemáticas de su tiempo.

Cuando intervienes, cuando le quitas el aura caritativa al arte social, entras en el terreno de lo político, porque dejas de ver lo otro como ajeno —como algo contrario a tu realidad— y lo entiendes como parte de tu mundo. Sales de la autorreferencia y te descubres en los otros.

especially with respect to decisions concerning the division and use of space.

One of the greatest challenges of working with communities is to become involved in an integral manner, by affecting or being affected, by taking responsibility and accepting the consequences that flow from the collaboration. A genuine collaboration never ends, but is transformed into memory, reflection and possibility.

The cornerstone of this kind of work is the process of building trust. This requires empathy and perseverance. Collaboration emerges from an emotional bond, but this bond is not always harmonious nor does it always generate consensus. Collaborating means getting involved, taking a stance, being proactive. Taking a stance means there will be conflict and disagreement. It is not just about participating but about foregoing. This is precisely what Marina Garcés calls "honesty toward the real," art that stakes out a position, that is not prosaic or detached, but provokes —an art that confronts reality and is invested in the problems of its time.

When one engages in this way, one abandons the charitable aura often assumed in socially engaged art. Only in this way can one truly enter the field of the political and cease to see the other as alien, as someone separate from one's own reality, but rather recognize them as part of one's own world and vice versa. You abandon your own reference points and discover yourself in others. This new proximity is what enables us to create.

Any socially engaged artistic project is subject to criticism. It can be accused of being colonialist, paternalist, exploitative, vampiric, predatory. All these issues are latent and the artist must take this into account—to challenge the idea of art as benefactor, without victimizing or inadvertently

Esta proximidad es lo que eventualmente nos incita a crear.

Cualquier proyecto social y/o artístico está sujeto a nominaciones del tipo: colonialista, paternalista, ventajoso, de vampirización, de depredación. Todos estos son peligros latentes, y el primero que debe tomar esto en cuenta es el artista, para confrontar la visión del arte "buenista" o "benefactor", sin victimizar ni generar una imagen de pornomiseria. También debe tener en cuenta las estructuras asistencialistas y clientelares que la comunidad espera de proyectos "comunitarios", ya que ahí no se genera ni un intercambio ni una afectación.

De Todorov Tzvetan aprendí lo complejo que es apartarse de la mirada exotizadora; de Edward Said, de la mirada orientalista; de Susan Sontag, de la imagen piadosa que se envuelve del dolor de los demás; de Ryszard Kapuściński, a enunciar la pobreza sin hablar de ella.

X
Testimonios

La estructura familiar en barrios como Ciudad Bolívar suele ser altamente compleja. Una forma de familia extendida donde se convive con diversas figuras paternas y maternas, medios hermanos, un vecino que forma parte de la familia porque lleva tiempo viviendo ahí, un pariente que regresa después de un tiempo fuera, y otros que están involucrados porque ayudaron a construir parte de la casa.

La familia con la que se trabajó está compuesta por más de veinte personas. Para este proyecto se colaboró de manera cercana con ocho de sus miembros: los medios hermanos Anghello Gil Moreno y Maicol Ramírez Moreno; su tía Lucila

creating poverty porn. But they must also consider the welfare and clientelist structures that communities increasingly expect from such projects, since no effective exchange is produced during such one-sided interventions.

From Todorov Tzvetan and Edward Said, I learned how complex it is to move away from the exotic and the orientalist gaze. From Susan Sontag, I relinquished the pitiful image that envelops the pain of others; and from Ryszard Kapuściński, I learned to enunciate poverty without speaking of it.

X
Testimonials

Family structures in neighborhoods like Ciudad Bolívar tend to be complex: a type of evolving extended family that includes a variety of paternal and maternal figures; half-siblings; neighbors who become members of the family because they have lived side-by-side for a long time; relatives who return after time away; and others who are connected because they helped build part of the house. The household and its dynamic is not established in a traditional sense, nor based on a nuclear family, but rather evolves over time.

Likewise, the family with whom the project was developed is comprised of over twenty individuals. I worked in close collaboration with eight of its members: the half-brothers Anghello Gil Moreno and Maicol Ramírez Moreno; Lucila Moreno, aunt of the brothers, who practically raised them; Gaspar Puentes together with his wife María Velandia and two of their daughters, Odilia and Angie Puentes Velandia; and Celestino Guerrero, a close friend of the family.

The cousins Lucila and Gaspar arrived in Villa Gloria in 1981, along with other relatives, in an

Moreno quien prácticamente los crió; Gaspar Puentes junto con su esposa María Velandia, dos de sus hijas Odilia y Angie Puentes Velandia; y Celestino Guerrero, amigo de la familia.

En su afán por construir su propia casa y dejar de pagar arriendo, los primos Lucila y Gaspar llegaron en 1981 a Villa Gloria, junto a otros de sus familiares:

Cuando llegué acá, compré el terreno. Me ha tocado pagarlo dos veces porque se lo pagué al que estaba viviendo aquí y al Inurbe.[8] Lo pagué hasta el último peso, pero no me dieron escritura.

Gaspar

Le decían a uno: "Venga, ahí está su terreno. Mire a ver si se lo deja quitar, allá usted". Ahí empezaron los conflictos, la lucha por las tierras: "No, este es mi espacio, y si usted me lo va a quitar entonces nos vamos a matar". Así es con las invasiones, no hay de otra.

Lucila

El proceso de segregación en Ciudad Bolívar ha sido muy fuerte: nos aislaron, nos mandaron a la roca. Todo esto está construido sobre una roca que tiene mucha riqueza minera. Desde cemento hasta arena, gravilla y canteras. Esto de llamarnos *informales* es pura hipocresía. Estamos rodeados por compañías ladrilleras, por las cementeras que viven de nosotros. Sin embargo ellos no son informales, nosotros sí; eso dicen ellos.

Maicol

endeavor to build their own house and stop paying rent. These are their testimonials concerning their arrival:

When I came here, I bought land. I've had to pay for it twice. First, I paid the man who was living here before me, and then I also paid the Inurbe.[8] I paid them every last cent, but they never gave me a deed.

Gaspar

They told you: "Look, here is your land. But, if you allow someone to take it from you, that's your problem." That's when the conflicts began, the disputes over land: "No, that's my place, and if you try to take it away, then we're gonna kill each other." That's the way it is with invasions, there is no other way.

Lucila

The process of segregation in Ciudad Bolívar has been extreme—we were isolated, sent to live on top of this rock. Everything here is built on rock rich in minerals, including quarries and gravel for cement. This whole business of calling us trespassers is pure hypocrisy. We are surrounded by brick and cement factories that exploit us, yet they are not illegal —we are, so they claim.

Maicol

María arrived later with two of her children. She met Gaspar and together they purchased a lot in the area. Later, they landscaped and graded the property, clearing and leveling the ravine, and subdividing the plot into three sections.

María llegó tiempo después con otros de sus hijos, conoció a Gaspar y juntos compraron un lote en la zona. Posteriormente realizaron el acondicionamiento del lugar: el aplanado, la limpieza del barranco y la delimitación del terreno en tres niveles.

Cuando nos mudamos esto eran lomas, potreros, vías destapadas, quebradas. No había servicios públicos ni transporte. Nos tocaba cargar el agua de los nacederos, traer luz de contrabando y coger un transporte improvisado del barrio Santa Lucía para llegar acá […] luego te reubican y te obligan a destruir tu casa con tus propias manos. Te vigilan mientras destruyes lo que has construido durante años. No puedes llevarte nada, ni las láminas.

María

Durante la colocación de la losa, yo ayudé preparando el café y llevando el pan a los trabajadores, también bajaba y subía las herramientas que los vecinos nos prestaban.

Odilia

La intensidad de su relación es propiciada por la colindancia de sus casas, construidas de forma escalonada en el declive de la loma de Villa Gloria. En primer lugar, la casa de Gaspar y María, donde establecieron un taller de herrería en la parte frontal, fuente del sustento familiar. A un costado, la casa con techo de lámina, en la que se llevó a cabo el proyecto, donde Anghello y Maicol viven y confeccionan ropa que venden en el centro de Bogotá. Por último, en el segmento inferior de la loma, se encuentra la casa-tienda de Lucila, que atiende desde hace más de treinta años. Celestino vive en

When I arrived, this plot of land wasn't a plot at all, but a ravine. We had to excavate the land into three gradations and flatten it out until it was level to the footpath. There were no public services, electricity or public transport. Then they relocate you, they force you to destroy your house with your own hands. They watch over you while you destroy what you have been building for years. They don't let you take anything with you, not even the sheet-metal roof.

María

During the casting of the slab, I helped by preparing the coffee and bringing bread to the workers; I also ran back and forth fetching the tools the neighbors lent us.

Odilia

The intensity of their relationship is exacerbated by the proximity of their homes, built adjacent to one another on a single plot of land on the stepped incline of the hill in Villa Gloria. First is the home of Gaspar and María, where they established a blacksmith shop, their family's livelihood. Beside it is the tin-roofed house where Anghello and Maicol live, where the project took place and where they make the clothes that they sell in the city center. Lastly a few meters further down the hill, is Lucila's house/shop where she has been working for over thirty years. Celestino lives in another plot, but helped in the construction of the family's house, contributing with materials and his labour.

The family has been involved in the process of fixing up and maintaining these plots of land to make them more livable.

otro terreno, pero colaboró con la familia en la construcción de sus casas, aportando materiales y su mano de obra.

La familia ha estado involucrada en el proceso de arreglar el lote. Ha sido un intercambio que ayuda entre familiares, vecinos y amigos. Se ha venido arreglando poco a poco para que no se venga encima, pues la pendiente es muy inclinada y debemos proteger la casa. Si uno tiene un hogar es un orgullo, así sea de palos y tejas o sólo de ladrillos.

Anghello

Somos autoconstructores pues no tenemos cómo pagar un arquitecto, y el conocimiento para construir me lo dieron albañiles que viven aquí; esta zona se pobló a través de la invasión de terrenos con lo que tampoco había licencias para construir, aun cuando se pudieran pagar arquitectos.

Celestino

It's been a kind of exchange between family, neighbors and friends. We've repaired it to prevent it from collapsing, because the slope is very steep and we have to protect the house.

Anghello

We are self-builders because we do not have the means to pay for an architect, and the knowledge of how to build was given to me by the construction workers living nearby. This area was populated through the invasion of plots, hence there were never legal permits to build in this land —even if architects could had been paid.

Celestino

## XI
## Desalojo

En la mayoría de las ciudades latinoamericanas la "informalidad" es la norma. ¿Podemos seguir nombrando como "irregular" una extensión tan vasta de nuestras ciudades? *Arquitectura sin arquitectos* es un proyecto que busca cuestionar la supuesta extrañeza de estos asentamientos mientras estudia las posibilidades de una arquitectura en flujo.

Una ocupación distinta a la ocupación formalizada —de inmobiliarias o constructoras que se apropian y privatizan el espacio público sin ser sancionadas o expulsadas de sus terrenos— es una nueva forma de habitar y hacer ciudad. Esta apropiación del espacio surge de la necesidad, de la violencia, de la inseguridad material, de la fragmentación y de la segregación espacial. En síntesis, de la competencia por los recursos básicos.

Toda acción desplegada en el espacio público es una forma de apropiación, pero existen apropiaciones legitimadas por el poder y otras que no. Este proyecto sucede, precisamente, en estos espacios *informales*, territorios urbanos en disputa, ocupaciones ilegales, donde se manifiesta una alta desigualdad social, pobreza, violencia, urbanización no planificada, falta de infraestructuras y servicios, desborde de los mecanismos formales-legales de organización de la ciudad y un alto nivel de corrupción. Hay que repensar, desde el arte, la falsa dicotomía entre espacio público y espacio privado, entre apropiaciones legítimas e ilegítimas.

En Ciudad Bolívar los habitantes viven bajo la amenaza permanente de ser expulsados. En ocasiones son forzados a destruir sus casas a pico y pala por ellos mismos para luego ser completamente demolidas por las máquinas, sin la posibilidad de salvaguardar parte de su patrimonio o de

## XI
## Eviction

In most Latin American cities, informal living conditions are the norm. But can we still describe as "irregular" such vast agglomerations? *Architecture without Architects* is a project that seeks to question the supposed abnormality of these settlements, while studying the possibilities of an architecture in flux.

This type of land-use evidences a new way of building and inhabiting the city in direct contrast to the models of formal occupation adopted by real estate developers and construction companies. Formal occupation models seize and privatize public spaces with impunity and disregard. They appropriate space in response to necessity, violence, material scarcity, fragmentation, spatial segregation, and competition over basic resources.

Any action deployed in the public space is a form of appropriation, but some appropriations are legitimized by the powers that be and others are not. This project takes place precisely in these *informal* spaces—illegal occupations in disputed urban territories where high levels of social inequality, poverty and violence are found within a context of unplanned urbanization; places which lack infrastructure and rule of law, and which have high levels of corruption. From an artistic standpoint, it is necessary to transcend the dichotomy between public and private space, as well as between legitimate and illegitimate appropriations.

In Ciudad Bolívar the inhabitants live under permanent threat of being evicted. Sometimes they are forced to destroy their own houses with a pickaxe or shovel before they are completely razed by machines, without allowing them to salvage any part of their patrimony, or receive any equitable

recibir una indemnización digna por el tiempo y el esfuerzo invertido en habilitar esa zona, con lo que las familias son desplazadas y deben empezar desde cero. Tal es el caso de los integrantes de la familia, quienes están siendo desahuciados y desplazados a viviendas, aún por construir. La familia ha detenido en varias ocasiones las mejoras del terreno. El gobierno les ofrece la posibilidad de ser reubicados en viviendas multifamiliares de interés social, que ellos describen como "pajareras". Casi todos los vecinos se rehúsan a partir, ya que ninguno cuenta con la seguridad de cuáles serán las condiciones de esas nuevas casas.

Sólo algunos jóvenes, con menos arraigo al lugar, estarían dispuestos a moverse a una vivienda estandarizada de interés social; otros buscan un intercambio justo, una resolución que pueda sustituir el tiempo, el dinero, el esfuerzo y el afecto que han invertido en su casa. En ausencia de escrituras esta exigencia se debilita ante las autoridades.

En este sentido, ASA es un pequeño relato; una oda a la memoria, a lo que monolíticamente se alza en lo más inhóspito, a la casa no como mercancía que se compra y se vende, sino como un lugar donde protegerse de una economía de intemperie; una vía de consolidar gradualmente el patrimonio familiar, y un agregado de relaciones familiares en conflicto y que difícilmente se puede enajenar. También es un homenaje a la manufactura no industrializada, de carácter informal y marcada por el autoaprendizaje, además de una respuesta urbana que contesta a la visión modernista de la ciudad planificada; una nueva forma de habitar y hacer ciudad.

compensation for the time and effort they've invested in developing the area. Entire families are displaced and are forced to start over. Such is the case with this family, which is being evicted and relocated to "homes" yet to be built. For this reason, the family has often postponed making improvements to their property. They say that the government only offers them the chance to relocate to social housing in high-rises, which they describe as "bird cages." Almost all neighbors have refused to leave, as none of them are certain about what the conditions of these new houses will be.

Only some of the youth, less rooted to a sense of place, are more willing to move into a standardized social housing project. But others seek a fair exchange, a resolution that takes into account the time, money, effort and emotions they have invested in their homes. In the absence of title deeds this demand carries little weight in the eyes of authorities.

In this regard, *Architecture without Architects* is a micro-history, an ode to memory—and ode to all that can rise resolutely in the most inhospitable of places. Here the house is not seen as a commodity to be bought and sold, but rather as shelter to protect oneself from an economy of exposure. It is seen as a means of gradually consolidating family wealth —an accumulation of emotional bonds that are impossible to disentangle. The house as tribute to non-industrialized manufacturing—essentially informal and marked by self-learning. These urban dwellings challenge the Modernist vision of the planned city—they manifest a way of inhabiting and making the city anew.

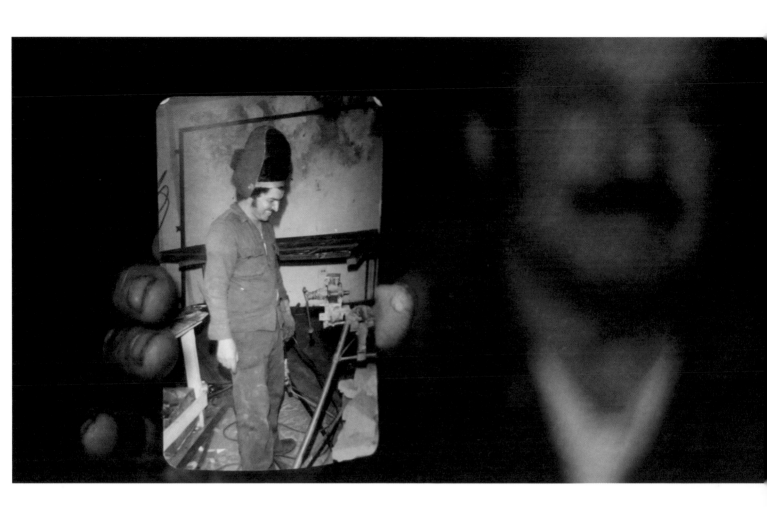

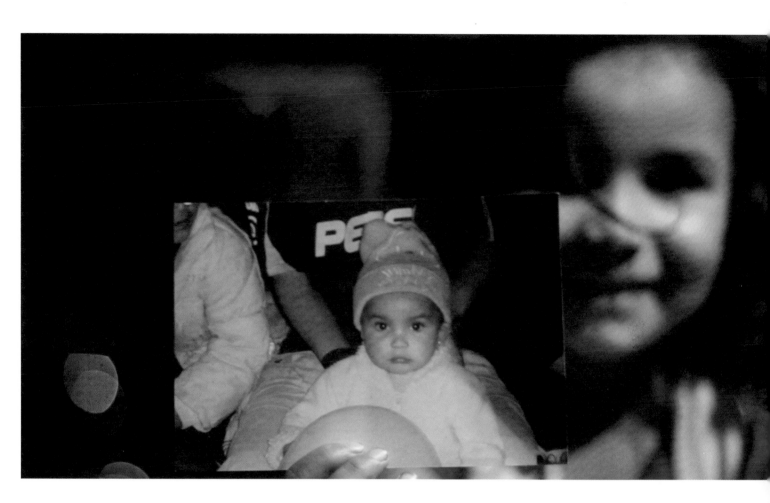

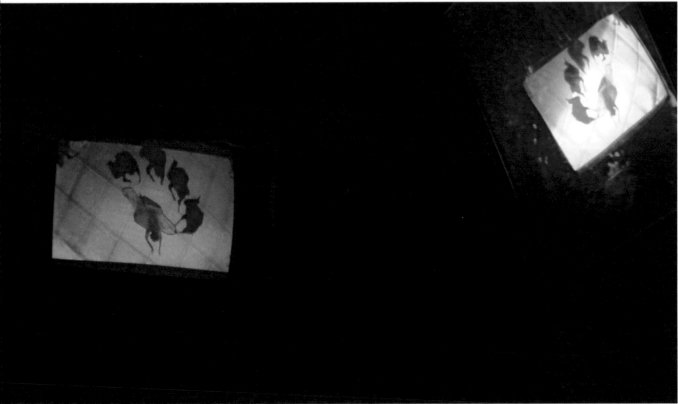

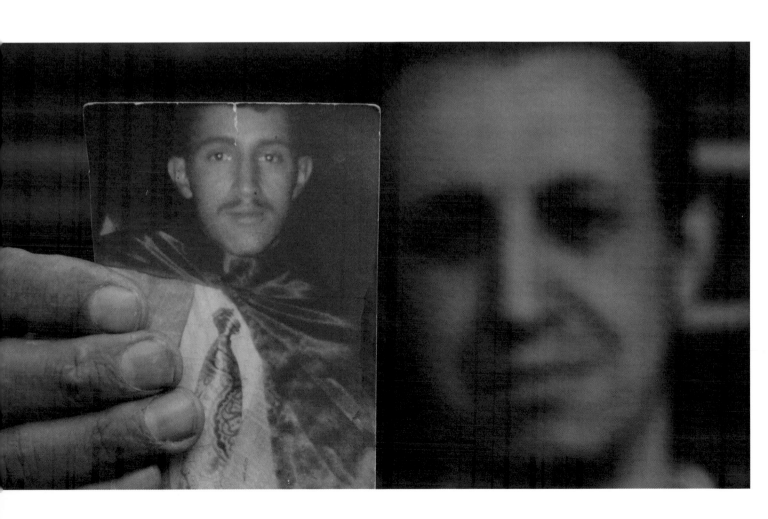

# Vista desde una ventana de hilo

Pedro Ortiz Antoranz

> Yo me encuentro en todo ese grupo de gente que intenta con medios artísticos crear y expandir la "mitología del espacio". Tampoco sé qué significa la palabra "espacio". Sigo utilizándola. Pero no estoy muy seguro de qué significa.
>
> Gordon Matta-Clark

A primera vista, la estructura de hilos realizada en la casa de Ciudad Bolívar pudiera entenderse como una instalación. La diferencia clave entre ésta y los medios tradicionales —pintura, escultura, fotografía— es que éstos tienen muy en cuenta la presencia literal del observador en el espacio que conforma la pieza artística, preocupándose por una percepción amplia, precaria y agudizada que no sólo apele al sentido de la vista. El arte de instalación invita al espectador a entrar físicamente en la obra y, a menudo, es descrito como teatral, inmersivo o experiencial.

Por otro lado, *Arquitectura sin arquitectos* (ASA) podría ser considerado un proyecto de sitio específico. Este tipo de iniciativa tuvo su origen en la escultura minimalista de los años sesenta y buscaba relacionar al espectador con el espacio de exposición, brindándole una experiencia de inmersión fenomenológica al recorrer dicho lugar e invitarle a pensar en sus características específicas y en las relaciones que se establecían con éste. El origen de la especificidad del sitio se localiza entonces en el interés por las particularidades de cada espacio expositivo —en un inicio, los artistas se fijaron en las características arquitectónicas de

# View from a Window of Thread

> I find myself among all these people who try to use art to create and expand the "mythology of space." I don't even know what the word "space" means. I still use it. But I'm not very sure of what it means.
>
> Gordon Matta-Clark

At first sight, the structure of threads created in the house in Ciudad Bolívar could be interpreted as an installation. The key difference between installations and traditional media—painting, sculpture, photography—is that the former is very concerned with the actual presence of the viewer in the space occupied by the artwork, and with a broader and deeper perception that goes beyond the visual. Works of installation art invite viewers to physically occupy them, and are often described as theatrical, immersive or experiential.

On the other hand, *Architecture without Architects* (ASA) could be seen as a site-specific project. This type of project has its origins in the minimalist sculpture of the 1960s which sought to connect the viewer with the exhibition space, affording an experience of phenomenological immersion as they move around the space, and inviting them to think about the space's specific characteristics and the relationships established with the work. The origin of site-specific work thus lies in its concern with the particular features of each exhibition space. Initially, artists looked at the architectural character of the space, and later this expanded to examine the complex weft of economic, political

dicho espacio, posteriormente en el tejido complejo de relaciones económicas, políticas y sociales que se enraízan en la institución museística y en el territorio.

Ahora, si bien es cierto que el arte de instalación y el arte de sitio específico tienen historias intrínsecamente ligadas, y que el primero es el antecedente directo del segundo, de acuerdo a varias narrativas, no sería atinado clasificar apresuradamente a ASA como una instalación, y sí hacerlo como una obra de sitio específico. A diferencia de la instalación —incluso de carácter crítico—, el arte de sitio específico decodifica o recodifica las convenciones del contexto en el que está inmerso, mientras que la primera se limita a evidenciar las relaciones existentes entre la obra y el lugar donde se encuentra. En este sentido, la razón principal por la cual ASA no debe definirse meramente como una instalación es porque sucede como un proceso social, no se limita a la manifestación objetual/espacial de una actividad.

El sitio en ASA no es meramente un lugar geográfico específico; se trata más bien de un espacio antropológico, habitado por una familia, con una historia, unos modos de habitar y un set de relaciones personales. La estructura de hilo no es sólo una pieza de sitio; da forma a una escultura flexible que ocurre con el espacio, con relación a la familia que lo habita y con su determinación de anticipar y cambiar el devenir del lugar que les pertenece. La especificidad del sitio en ASA no se limita ya al encuentro con un objeto escultórico, como en el caso de la instalación, sino que ahonda en una experiencia que se despliega en el tiempo. Esta dimensión duracional emana esencialmente de su carácter colaborativo, pero también resulta particularmente manifiesta en el componente

and social relations embedded in the museum institution and in the territory.

Now, while it is true that the histories of installation art and site-specific art are closely related and that the former is the direct antecedent of the latter—according to some interpretations—it would be erroneous to classify ASA purely as an installation rather than as a site-specific work. Unlike an installation—even those of a critical character—site-specific art decodes or recodifies the conventions of its context, while the former limits itself to laying bare the relations established between the work and the place in which it is located. In this sense, the principal reason ASA should not be defined merely as an installation is that it takes place as a social process, and is not limited to an object-based or spatial manifestation of an activity.

For ASA, the site is not just a specific geographic place, but rather an anthropological site, a space inhabited by a family, with a history, with specific ways of inhabiting and a set of personal relations. The thread structure is not only a work made on a site; it is a flexible sculpture that arises with a direct relation to this site, to the family that inhabits it and their determination to look ahead and change the future of the place that belongs to them. The site-specific character of ASA is not limited to the encounter with a sculptural object, as in the case of the installation, but plunges deep into an experience that unfolds in real time. This temporal dimension emanates essentially from its collaborative nature, but is also manifested in the documentary component of the project: the series of videos and video-portraits filmed *in situ*.

The art historian Rosalyn Deutsche (2006) distinguishes between two models of relation between work and place: the first consists of an

documental del proyecto: la serie de videos y video retratos filmados *in situ*.

La historiadora de arte Rosalyn Deutsche (2006) distingue dos tipos de relación entre obra y lugar: el primero consiste en un modelo asimilativo de la especificidad del sitio, donde la obra se integra con el entorno existente, considerado como un espacio unitario y armónico. El segundo es un modelo interruptivo del sitio en el cual la obra de arte funciona como una intervención crítica que busca interferir en un contexto complejo, donde existen antagonismo y tensión. El proyecto ASA es, en realidad, afín a este segundo tipo, pues problematiza las condiciones de un contexto complejo, el de la autoconstrucción de vivienda popular en un barrio de extrarradio, un contexto de precariedad e inestabilidad de las formas urbanas donde la instalación de hilo apunta a una posibilidad —una esperanza— que muy probablemente no se materialice.

## Primer precedente: Fred Sandback

La escultura minimalista está en un profundo diálogo con la arquitectura. Así es el caso de la obra escultórica de Fred Sandback (1943-2003), que sirve de referencia para la estructura de hilo de ASA. El trabajo de este artista estadounidense comprende esculturas de hilo y de metal tensado que, a partir de su trazo en líneas rectas, evocan formas tridimensionales en juego con la forma e iluminación de los espacios. El artista rechazaba el término "ambiental" para describir su trabajo pues pretendía que éste coexistiera con el espacio, que se integrara a él.

Fueron los escultores minimalistas de la segunda parte del siglo XX los que empezaron a fusionar sus obras con los parámetros del espacio museístico.

assimilative model of the site-specific character, where the work is integrated into the existing context, considered as a unitary, harmonious space. The second is an interruptive model of the site, where the artwork functions as a critical intervention that seeks to interfere in a complex context, where there is antagonism and tension. The ASA project is closer to this second type, given that it draws attention to the problematic conditions and complex setting of self-built housing in an impoverished neighborhood, in a context of precariousness and essentially unstable urban structures. Here the thread-based installation points to a possibility; a hope—that nevertheless is unlikely to materialize.

## First Precedent: Fred Sandback

Minimalist sculpture engages in a profound dialogue with architecture, such as in the case of the work of Fred Sandback (1943-2003), which serves as a reference point for the thread structure of ASA. The work of this American artist is comprised of tensioned thread and metal structures that, with their straight lines evoke three-dimensional forms at play with the shape and lighting of the spaces. The artist rejected the term "environmental art" to describe his work since he intended it to coexist with the space and to be integrated into it.

The minimalist sculptors of the second half of the 20th century began to merge their works with the parameters of the museum space. This characteristic would be adopted by site-specific work as an invitation to experiment with the exhibition space, seen as an inseparable part of the work. This invitation aimed to transform the role of the viewer from passive to active, a goal shared by Sandback and many of the minimalist sculptors.

Esta característica pasaría al arte de sitio específico en tanto sirviera de invitación a experimentar el lugar espacio de exhibición como parte indesligable de la obra. Tal exhortación tenía por objetivo la activación del espectador —en lugar de un mero observador pasivo, una búsqueda común de Fred Sandback— y, en general, de los escultores minimalistas. La extensión de la escultura de un arte del objeto a un arte del espacio y sus relaciones, así como la posibilidad de entrar en la estructura misma, hizo posible que ésta adquiriera un carácter arquitectónico que deviniera, así sea por tan sólo unos segundos, una estructura habitable.

Es cierto que las obras de hilo tensado de Sandback difícilmente pueden calificarse como una intervención crítica —su comentario se limita a la arquitectura del espacio expositivo—, pero sí ponen de manifiesto las particularidades específicas del sitio en el que se realizaban y contradicen la lógica transportable de la escultura con plinto o base, como sucedía en la escultura modernista. Las figuras de Sandback no podían ser simplemente trasladadas a otro espacio, pues habían sido creadas teniendo en mente las características físicas del sitio para el que habían sido concebidas: entradas de luz, las dimensiones, juegos con su escala, entre otros. A pesar de que no es el caso de Sandback, otros exponentes de la escultura minimalista también tomaban en cuenta sistemas de ventilación, de señalización, o de ajuste de temperatura. Todo ello contribuía a la producción de una experiencia estética concreta y fenomenológica del sitio.

A lo largo de la década de los sesenta, y haciendo uso de distintas estrategias —y comenzando a esbozar una idea diversa de la especificidad de sitio—, el interés de los artistas por el lugar en donde se exhibirían sus obras fue profundizándose y se tornó más complejo. El espacio no era

The expansion of sculpture from an art of the object to an art of space and its relationships, as well allowing for the possibility of entering the structure itself, made it possible to acquire an architectural character that would become, even if only for brief moments, a habitable structure.

It is true that the tensioned thread works of Fred Sandback can hardly be described as a critical intervention, but rather more a comment on the architecture of the exhibition space. However they do reveal the specific characteristics of the site where they are located, and contradict the nature of a sculpture on a plinth or base, as was favored by modernist sculpture. Sandback's sculptures could not simply be transported to another space because they had been created bearing in mind the physical characteristics of the site they had been conceived for: light variables, dimensions, interactions with the scale, and more. Although this is not the case with Sandback, other practitioners of minimalist sculpture also took into account systems of ventilation, signage, or temperature control. All this contributed to the production of a concrete, phenomenological aesthetic experience of the site.

Throughout the 1960s, artists employed different strategies to express their deepening interest in the places in which they exhibited their work, and a different concept of site-specific work began to emerge. Space was no longer conceived of as a neutral backdrop but as complementary and connected to the work.

In this way, the flexible sculpture that becomes a house, developed by Calvo, takes Fred Sandback's sculptural procedures outside; exposing them to the outdoors. As a result, the relationships between the inside and outside of the thread structures become more complex, as it is integrated

ya concebido como neutro, un trasfondo, sino como complementario y vinculado con la obra.

De esta manera, la escultura flexible que deviene casa, de Calvo, lleva al exterior los procedimientos escultóricos de Fred Sandback; exponiéndolos a la intemperie, haciendo más complejas las relaciones entre el interior y exterior de las estructuras de hilo, integrándolas con el paisaje cercano, el barrio de autoconstrucción, de manera que éste está a su vez dentro y fuera de la escultura, muta con los cambios de la luz del día y vibra con el viento. Además, la casa de hilo pone de relieve el estado de incertidumbre y posibilidad del espacio doméstico en los barrios de autoconstrucción de vivienda popular.

## Segundo precedente: Robert Smithson

El segundo precedente artístico para la realización de ASA es la obra de Robert Smithson (1938-1973), figura icónica del arte de las décadas de los sesenta y setenta que se interesó por las ruinas industriales de la ciudad. Smithson comenzó a desarrollar su obra en lugares naturales y zonas periféricas a la ciudad (suburbios), y no sólo lo hizo sobre estos espacios sino que realizó sus obras en ellos, utilizando los materiales que encontraba en el sitio o emplazamiento.

### Arquitectura entrópica

De acuerdo con Smithson, la acción de descubrir nuevos paisajes podía considerarse como "una forma de arte capaz de utilizar el territorio real como un medio".[9] El artista trabajó en la ciudad pero interesándose por zonas periféricas y post-industriales, espacios donde la entropía de la sociedad industrial se hacía tangible. El término

into the adjacent landscape—the neighborhood of self-built homes, which is at once inside and outside the sculpture, and which alters with the changing light each day and vibrates with the wind. At the same time, the thread house highlights the state of uncertainty in the neighbourhood as well as the possibility of creating domestic spaces therein.

## Second Precedent: Robert Smithson

The second artistic precedent to the creation of ASA is the work of Robert Smithson (1939-1973), an iconic figure from art of the 1960s and 70s who was interested in the industrial ruins of cities. Smithson began to develop works in natural landscapes and city suburbs, making work not only *about* these spaces but in them, using the materials he found at the site.

### Entropic Architecture

According to Smithson, the action of discovering new landscapes could be considered: "a form of art capable of using the real territory as a medium."[9] The artist worked in the city, taking a particular interest in peripheral and post-industrial zones, spaces where the entropy of industrial society was tangible. The term is applied to the city by Smithson, resulting in the emergence of the concept of *entropic architecture* (1973). According to the artist, the decadence of urban landscapes is inseparable from the modern city and, in a certain sense, their highly ephemeral and mutable character means that many of these landscapes are ruins from the outset. In this regard, in both ASA and the work of Smithson, there are landscapes that are recovered from forgetfulness or aesthetic disregard, in a kind of shift in the center of gravity of how the city is viewed from

# Cotizar

19/11/2012

- 50 Bloques #4
- 1 m Arena de Peña
- 1 viaje sencillo mixto
- 15 Bultos de Cemento.
- Columnas
  - 4 perfiles de 2,40
  - Estructural 6 m
- 17 varillas de Media
- 1 Kilo de Alambre negro o dulce.
- ~~10 Tubos con~~
- Flejes — 12 kilos Varilla 3/8
- Placa 195 Bloquelones
- 10 perfiles por 6 m.
- 9 mallas electrosoldadas (1,20 x 2,44) G 1,50.

Electricos
- 4 cajas de roseta
- 10 Tubos conduit
- 12 Terminales
- 1 Libra pintilla 3 pulgadas

es aplicado a la ciudad por Smithson y el resultado desencadenó la gestación del concepto *arquitectura entrópica* (1973). Según el artista, la decadencia de los paisajes urbanos es inseparable de la ciudad moderna y, en cierto sentido, el carácter efímero altamente mutable de la misma hace que muchos de sus paisajes sean ruinas desde su gestación. Así, tanto en ASA como en la obra del artista estadounidense, hay paisajes que se recuperan del olvido o del desprecio estético, en una suerte de desplazamiento del centro de gravitación de la visión sobre la ciudad hacia su periferia, hacia los lugares que raramente aparecen en la historia oficial o patrimonial de la misma.

El emplazamiento de ASA en Ciudad Bolívar, a las afueras de Bogotá, es un caso también de arquitectura entrópica. En el barrio de Villa Gloria —y podría decirse que en la gran mayoría de asentamientos informales— pueden encontrarse ecos de tal estado de entropía. Tanto en la casa donde se llevó a cabo ASA como en sus alrededores convive lo habitado con lo inacabado, la posibilidad de una vivienda nueva con la frustración de la misma. En varios aspectos, esta arquitectura entrópica es análoga a la arquitectura industrial, por su uso directo o crudo de los materiales de construcción, concreto, tabique y varilla están a la vista, sin recubrimiento o acabado, una arquitectura siempre en proceso que confiere a las viviendas el aspecto de barracones industriales. Al igual que Smithson fotografiara el *débris* de Passaic y del Hotel Palenque, los paisajes entrópicos de Villa Gloria quedan registrados por el lente de la cámara: el polvo de cemento en suspensión, el agua grisácea en los cubos y los tambos, el apilamiento y ensamblaje de los materiales de construcción, los colores quemados y el deslumbramiento a pie de obra; las tareas repetitivas y mecánicas.

its periphery, from the places that rarely appear in its official or heritage-oriented history.

The siting of ASA in Ciudad Bolívar, on the outskirts of Bogotá, is also a case of entropic architecture. In the neighborhood of Villa Gloria —and this could be said of most informal settlements— echoes of this state of entropy can be found. Both in the case of the ASA house and its surroundings, inhabited space coexists with the unfinished structures; the possibility of a new home alongside the frustration of that possibility. In a number of aspects, this entropic architecture is analogous to industrial architecture, due to its direct or raw use of construction materials. Concrete, brick and rebar are all exposed in full view, with no stucco or finish; an architecture always in process that gives the homes the appearance of industrial sheds. Just as Smithson photographed the debris of Passaic, New Jersey and the Hotel Palenque, the entropic landscapes of Villa Gloria are recorded by the camera lens—the suspended cement dust, the grayish water in buckets and barrels, the stacking and assembly of construction materials, the faded colors and the dazzling light on site—the evidence of the repetitive and mechanical tasks.

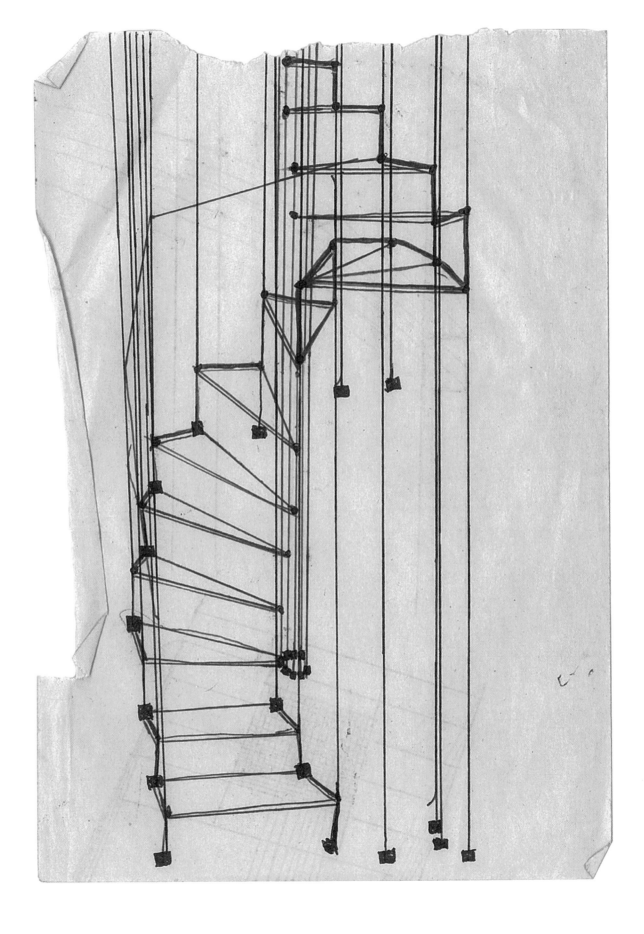

## La noción entre *site/non-site*

Si bien ASA se desarrolló por completo en la casa de la familia en Villa Gloria, Bogotá, también ha sido exhibido en museos y galerías de Colombia y México. Esta propuesta se inserta en los espacios institucionalizados del arte mediante un tipo de instalación que reúne registros en video, materiales usados en la vivienda de autoconstrucción y estructuras de hilo. ASA, por lo tanto, existe como proyecto que integra el sitio y el fuera de sitio, en relación directa con el par *site/non-site* formulado por Smithson (1968).

La polaridad *site/non-site* tiene como origen la tensión entre el impulso de crear en espacios abiertos y la necesidad, tarde o temprano, de dar visibilidad en el museo a intervenciones que suceden en locaciones remotas, alejadas del público potencial de las mismas. Es a través de los *non-sites* que los *sites* tienen cabida en el museo; son una suerte de elementos complementarios que reflejan la presencia de uno y la ausencia del otro. Con el desarrollo del binomio *site/non-site*, Smithson ideó la manera de extender la obra a la galería, sin pretensión de desplazarla enteramente a esta última. Este es un sistema de interdependencia o de polaridades que evita ver superfluo, contradictorio o menguado —una mera documentación— lo que acontece en el museo con respecto a la fuerza que cobran las intervenciones artísticas al aire libre. En ASA, el estado de posibilidad al que apunta la estructura de hilo conecta y comunica las experiencias del *site* y del *non-site*. Esto es parte esencial de la poética de la pieza.

A diferencia de los *sites* de Smithson, el *site* de ASA no es uno despoblado ni carente de presencia humana. Por el contrario, el factor más importante de este proyecto es entablar relación con

## The Idea of Site/Non-Site

While ASA was developed entirely in the house of this specific family in Villa Gloria, Bogotá, it has also been exhibited in museums and galleries in Colombia and Mexico. ASA inserts itself in the institutionalized spaces of art through a type of installation that combines video records, materials used in the self-built house, and thread structures. ASA exists, therefore, as a project that includes both the site and the off-site, in a direct relation with the site/non-site pair formulated by Smithson (1968).

The site/non-site polarity has its origin in the tension between the drive to create in open spaces and the need, sooner or later, to provide visibility in the museum to interventions that take place in remote locations, cut off from their potential audience. It is through non-sites that the sites find a place in the museum, as a kind of complementary element that reflects the presence of one and the absence of the other. With the development of the binomial site/non-site, Smithson conceived of how to extend the work into the gallery, without seeking to transfer it there altogether. This can be seen as a system of interdependence or polarities in order to avoid making what takes place in the museum seem superfluous, contradictory or lesser —mere documentation—compared to the power of the artistic interventions in situ. With ASA, the potential suggested by the thread structure connects and communicates the experiences of the site and the non-site. This is key to the poetics of the work.

Unlike the sites used by Smithson, ASA is not devoid of human presence. To the contrary, the most important factor of this site-specific project is how it establishes a relationship with the

la gente que lo habita, por lo que podría decirse que se aproxima antropológicamente al lugar. Esta forma de ver los espacios actúa en tres vertientes: como espacio de significación, como ámbito de acción e interacción y como lugar de proyección y deseo. El atractivo de la pieza radica en cómo concita o conecta estos tres niveles del *site* en los *non-sites* donde se exhibe y qué relaciones y disonancias se producen entre los mismos.

## Tercer precedente: Gordon Matta-Clark

El largo proceso entablado con la familia *residente* para proyectar en hilo los futuros espacios que ampliarían su casa no tiene por objeto consensuar una arquitectura efectiva, sino generar un juego, un simulacro. El interés por un procedimiento escultórico dirigido hacia el revelado por la misma arquitectura nos conduce al tercer precedente de ASA: la obra del artista estadounidense Gordon Matta-Clark (1943-1978), quien concibió un espacio híbrido entre lo escultórico y lo arquitectónico. Las intervenciones del artista ponen en marcha un proceso deconstructivo en el cual se entremezcla el método de construcción con el de demolición. Las intervenciones arquitectónicas de Matta-Clark eran realizadas sin ningún tipo de autorización legal y ocurrían, en su mayoría, en edificios que habían sido abandonados o sometidos a desahucios. Entre éstas puede situarse su obra probablemente más conocida: *Splitting* (1974), resultado de la división de una casa a la mitad por medio de un corte perpetrado por el artista usando una sierra eléctrica. La construcción, que pronto sería demolida, se localizaba en Englewood, un suburbio de Nueva Jersey, y pudo conseguirla gracias a que su galerista, Horace Solomon, la había adquirido por el valor del lote. *Splitting* estaba precedido por algunos

people who inhabit it. It could be said to take an anthropological approach to the place. This method of seeing places incorporates three perspectives: seeing them as spaces of signification; as fields of action and interaction; and as sites of projection and desire. The attraction of the work lies in how it brings together or connects these three levels of the site in the non-sites where it is exhibited, and what relationships and dissonances are produced among them.

## Third Precedent: Gordon Matta-Clark

The long process embarked on with the *resident* family to project in thread the future spaces that would extend their house was not about agreeing on an effective architecture. Rather, it generated an architectural game, a simulacrum. This interest in a sculptural procedure aimed at revealing the architecture leads us to the third precedent for ASA, the work of American artist Gordon Matta-Clark (1943-1978). He conceived of a hybrid space, midway between sculpture and architecture. The artist's interventions set in motion a deconstructive process that combines construction with demolition. Matta-Clark's architectural interventions were made without any kind of legal authorization and mostly took place in buildings that had been abandoned or evicted. Of these, probably the best known is *Splitting* (1974), the cutting in half of a house by the artist, using an electric saw. The house, which was shortly to be demolished, was located in Englewood, New Jersey, and he gained access to it thanks to his gallerist, Horace Solomon, who had purchased it for the price of the lot. *Splitting* was preceded by a number of works in which Matta-Clark sectioned parts of houses or offices to disrupt, overlap or collapse the functionality

trabajos en los que Matta-Clark había seccionado partes de casas u oficinas para perturbar, solapar o colapsar la funcionalidad de esos espacios, reconfigurando, por ejemplo, las relaciones entre exterior e interior, o entre el interior mismo, por medio de cortes parciales en los edificios. Las nuevas entradas de luz y el correr del aire generados como consecuencia de los cortes incidían en la experiencia y comportamiento del espectador.

Feroz crítico de Le Corbusier, Matta-Clark comenzó a calificar sus trabajos como *anarquitectónicos*, haciendo un guiño al libro *Vers une architecture* (1923) [*Hacia una arquitectura*] del arquitecto suizo a partir de un juego de palabras entre "arquitectura" y "anarquía". En la obra mencionada, Le Corbusier llamaba a la casa "una máquina para vivir", a lo cual, varias décadas después, Matta-Clark respondería que el modelo corbusiano era, en realidad, "una máquina para no vivir".

Restarle protagonismo al edificio construido como principal objeto de estudio de la arquitectura y concebir la obra como un proceso en lugar de un producto es uno de los legados más tangibles de Matta-Clark dentro de la serie de referencias que informan y dan cuerpo a ASA. El proyecto de Calvo toma esta posibilidad crítica de Matta-Clark y, en cierta manera, formula un proceso de construcción como una práctica *anarquitectónica*. El proyecto remite a la realidad de un crecimiento urbano no regulado, no sometido a los parámetros de la planificación municipal, de carácter autogestivo y de supervivencia. La estructura de hilo es un procedimiento escultórico que proyecta los deseos latentes de los inquilinos de la casa —elevar un segundo piso, construir con las propias manos su refugio—, a pesar de todas las incertidumbres y reveses que se van a presentar en el camino, mediante una disposición que atrapa y

of those spaces, reconfiguring the relations between exterior and interior, or within the interior itself, by means of partial cuts in buildings. The new entry-points for light and for the flow of air created as a result of the cuts affected the viewer's experience and behavior.

Critical of Le Corbusier, Matta-Clark began to describe his work as "anarchitecture" in a nod towards *Vers une architecture*, written in 1923 by the Swiss architect—a play on words that combines *anarchy* and *architecture*. In his book, Le Corbusier calls the house "a machine for living," to which several decades later, Matta-Clark would respond that the Corbusier model is in fact "a machine for not living."

Undermining the prominence of the building as the principal object of study for architecture and conceiving the work as a process instead of a product is one of the most tangible legacies of Matta-Clark within the series of references that inform and shape ASA. Sandra Calvo's project takes up this critical position and in a certain sense develops a process of construction as *anarchitectural* practice. The project refers to the reality of unregulated urban growth, wholly outside the parameters of municipal planning, with a character rooted in self-management and survival. The thread structure is a sculptural procedure that projects the latent desires of the house's inhabitants—to build a second floor—to build their refuge with their own hands, despite all the uncertainties and setbacks that will appear along the way. The thread structure encloses spaces that don't yet exist and presents them to us as possibility.

nos presenta como posibilidad los espacios que todavía no existen.

*Escultura negativa: la deconstrucción del sitio*

Las intervenciones realizadas por Matta-Clark en distintos edificios —una suerte de destrucción creativa— consisten en abrir espacios a través de fragmentaciones, recortes, perforaciones y demás cortes e incisiones. Matta-Clark se propone la deconstrucción del espacio que llamamos casa a partir de la demolición, del corte o de la sustracción de materiales de la misma —una lógica completamente inversa a la de la arquitectura tradicional— y, de esta manera, devela información escondida bajo la superficie de las fachadas. En palabras del propio artista, sus proyectos giran en torno a "los subproductos de los lugares y de la gente".[10] La delimitación del espacio en ASA es, a la vez, manipulación del vacío, una escultura en negativo y la deconstrucción del sitio. Este proyecto artístico trasciende lo objetual y ahonda en la naturaleza del espacio urbano habitado.

A pesar de que en obras más tardías como *Food* (1972) —el restaurante que abrió Matta-Clark junto con la artista Carol Gooden—, el espacio servía como punto de encuentro de una comunidad, en sus ejercicios de deconstrucción de casas y edificios Matta-Clark no tuvo relación alguna con los habitantes de los mismos. En ASA se concibe la casa no sólo como una construcción arquitectónica sino como un habitáculo, un lugar de confluencia de las relaciones interpersonales entre sus inquilinos, y la estructura de hilo es una proyección de dichas relaciones expresadas en la planeación de los futuros espacios de su hogar.

*Negative Sculpture: the Deconstruction of the Site*

The interventions made by Matta-Clark in different buildings, as a kind of creative destruction, involve opening up spaces by means of breaks, fragmentations, cut-outs, perforations and other cuts and incisions. Matta-Clark proposes the deconstruction of the space we call the house through demolition, cutting or the removal of materials, in a logic that is the reverse of traditional architecture. In this way, he reveals information hidden beneath the surface of the façades. In the words of the artist, his projects revolve around "the by-products of the land and the people."[10] The demarcation of space in ASA is at once a manipulation of the void, a negative sculpture and the deconstruction of the site. In this regard, ASA is an artistic project that transcends object-based works to examine the nature of inhabited urban space.

Although in later works such as *Food* (1972), the restaurant opened by Matta-Clark with artist Carol Gooden, the space served as a meeting point for a community, in his exercises to deconstruct houses and buildings Matta-Clark did not engage in any kind of relationship with their inhabitants. ASA, meanwhile, conceives the house not only as an architectural structure but as a habitat, a site of confluence for the interpersonal relations of residents, and the thread structure is a projection of these relationships, as expressed in the planning of the future spaces for the house.

## ASA as a Site-specific Collaborative Practice

The art theorist Miwon Kwon (2002) conceived the term *site-responsive art*, and it serves well to understand the particular character of ASA and refer to a kind of site-related artistic practice that,

## ASA como práctica colaborativa de sitio específico

La teórica del arte Miwon Kwon (2002) propone el término *site-responsive art*; éste puede servir para entender la particularidad de ASA. Se refiere a un tipo de práctica artística de sitio que, además de fijarse en parámetros geofísicos, pone de relieve la experiencia de estar en el lugar, toma en cuenta las huellas del pasado y del presente, así como la interacción con sus habitantes. La denominación *site-responsive art* marca una ruptura con las prácticas de sitio específico en las décadas de los sesenta y setenta, de corte más neutral o formal en su aproximación al emplazamiento, y enfatiza la vinculación con el entramado humano del mismo.

El proyecto ASA tiene lugar en diálogo con el sitio y sus habitantes, entendido como lugar antropológico, un espacio habitado donde existe un entramado de vínculos sociales, culturales, económicos, políticos y afectivos específicos. El trabajo de inmersión realizado por la artista en Villa Gloria logra asociarse a fondo con un grupo de vecinos y dar pie a la construcción de lazos afectivos y relaciones de confianza mutua entre la creadora y los participantes. Esto sucedió bajo la forma de una labor compartida: la construcción del techo de la casa, en primer término, y la realización de la estructura de hilo, en segundo, como juego-arquitectura, o tomando prestadas las palabras del teórico del arte Grant Kester: "un proceso de participación interactiva que es tratado como una forma de praxis creativa". Esta labor, concebida por Sandra Calvo pero modelada y realizada en colaboración con los habitantes de la casa, deviene una arquitectura juego o un juego arquitectónico en el que el trabajo —el tejido de los hilos— es productivo; pero de una manera distinta —la

in addition to addressing the geophysical parameters, highlights the experience of being in a place, taking into account traces of the past and present, as well as the interaction with its inhabitants. The term *site-responsive art* marks a break with the site-specific practices of the 1960s and 70s, which were more neutral or formal in their approach to a place, and emphasizes the connection with the human dimension.

The ASA project takes place in dialogue with the site and its inhabitants, understood as an anthropological place, that is, an inhabited place where there exists an integration of specific social, cultural, economic, political and emotional relationships. The immersive efforts made by the artist in Villa Gloria allowed her to connect with a group of local residents and to build emotional bonds and relationships of trust with the participants. This arose out of shared work, in the first place, with the construction of the concrete roof for the house, and secondly the creation of the thread structure as an architectural game, or to borrow the words of art theorist Grant Kester, "a process of participatory interaction [that] is treated as a form of creative praxis." This work, conceived by Calvo but shaped and carried out in collaboration with the house's inhabitants, becomes a playful architecture or architectural game, in which the work—the network of threads—is productive in a different sense, where the intention is not to produce real architecture. Instead, the spatial projection helps, again in Kester's words, to "reinvent the process of participatory urban planning as an imaginative game." In ASA, the game is the strategy by means of which the project begins to acquire form. This should not be understood solely as the deployment of an activity with the specific goal of erecting a thread structure,

finalidad no es generar una arquitectura real. Aquí la proyección del espacio ayuda, otra vez en palabras de Kester, a "reinventar el proceso de planeación urbana como un juego imaginativo". En ASA, el juego es la estrategia mediante la que el proyecto comienza a tomar forma. Éste no debe entenderse únicamente como el despliegue de una actividad con la finalidad específica de erigir una estructura de hilo, sino como un proceso transaccional, en tanto se presentan toma de decisiones y procesos de significación para el grupo participante. Los involucrados no siguen indicaciones ni instrucciones sino que responden a su propia intuición e inteligencia empírica.

En la casa autoconstruida en los asentamientos irregulares, obra negra y obra terminada cohabitan: a la vivienda se le van agregando provisionalmente piezas, las cuales pronto cambiarán de uso. La casa está habitada pero está aún sujeta a cambios estructurales y funcionales radicales: la elevación de un nuevo nivel, el techado de un patio, la reconfiguración de una escalera. Conceptualmente, ASA se desencadena como una secuencia de tres momentos: primero, incita un proyecto latente en una comunidad —la construcción de un techo de concreto—; segundo, propone un incidente crítico que cambie las reglas del juego —la construcción de la estructura de hilo—, y tercero, registra la culminación del proyecto y las reacciones de la comunidad bajo las nuevas circunstancias —los testimonios, las entrevistas, el documental. Bajo un punto de vista procesal, la obra no sólo se compone de la escultura flexible y de las imágenes en movimiento capturadas en los videos, también forma parte del proceso la inmersión de la artista, quien se mudó a la casa misma. Las pláticas para construir la losa, para realizar la escultura en hilos y negociar los espacios a los que ésta daría forma,

but rather as a transactional process in terms of decision-making and its significance for the participating group. The participants do not follow indications or instructions but rather respond to their own intuition and apply empirical knowledge.

In self-built houses in such shantytown districts, the unbuilt shell and finished construction coexist, as new rooms are provisionally added to the home, whose use will soon again change. The house is inhabited but is still subject to radical structural and functional alterations—constructing a new floor, roofing over a patio, reconfiguring a staircase. Conceptually, ASA unfolds as a sequence of three moments: first, it enables a planned project in a community—the completion of the concrete roof; second, it proposes a critical event that changes the rules of the game—the creation of the thread structure; and third, it records the culmination of the project and the reaction of the community to the new circumstances—the testimonies, the interviews, the documentary film. From a process point of view, the work does not only comprise the flexible sculpture and the moving images captured in the videos, but also the immersive process undertaken by the artist, who moved into the house itself. The discussions about the construction of the roof slab, and creating the thread structure for the spaces this would shape, together with the interpersonal relations of all those involved are also a part of the work.

The community involved shares agency with the artist at the moment of conception, production, exhibition and dissemination of the project. The artist proposes creating a thread structure above the house, but it is the group of participants who define *what* and *how*, using their collective skills to work out the best way to build the structure and determine the form it will take.

así como las relaciones interpersonales de todo el grupo también son parte de la obra.

La comunidad participante comparte la agencia del proyecto con la artista: el momento de concepción, la producción y exhibición o difusión del mismo. Calvo propone construir una estructura de hilo sobre la casa, pero es el grupo participante el que define el qué y el cómo y el que resuelve, desde su acervo de habilidades, la manera en que se construirá la estructura y la forma que tendrá. Es importante subrayar que la dinámica de participación que se produjo en Villa Gloria se extendió a la sala de exhibición tanto en Colombia como en México. Algunos de los familiares y vecinos que compartieron con mayor intensidad el diseño y elaboración de la pieza en Villa Gloria participaron, a su vez, con la creadora y conmigo en el diseño de la museografía y el montaje de la obra en sus distintas sedes.

Claire Bishop (2006) se posiciona contra un arte colaborativo de corte buenista o comprometido con el bien o la armonía social. Uno de los problemas que identifica Bishop es el deseo subyacente por parte de los artistas, en una pléyade de proyectos por representar a una comunidad específica, de darles voz o crear un sentido de pertenencia a través de la colaboración en una obra de arte. Bishop se inclina por un arte de participación que no trate a la comunidad como una Nueva Arcadia urdida de buenas intenciones y aboga por un arte que nos devuelva una imagen más disruptiva, problemática y antagónica de la comunidad humana. Claire Bishop destaca la importancia de proyectos que han logrado hacer de lado posiciones cómodas y condescendientes, prácticas a las que no les interesa el paternalismo cultural sino que se conciben como ejercicios antagónicos en los que nuevas fronteras políticas se trazan y debaten constantemente. Para Grant Kester (2011),

It is important to highlight that the participatory dynamic developed in Villa Gloria extended to the exhibition space in both Colombia and Mexico. Some of the family members and neighbors who were most closely involved with the design and production of the work at Villa Gloria also worked together with Sandra Calvo and myself in designing the exhibition and in mounting the work at its various venues.

Claire Bishop (2006) positions herself against a type of collaborative art that seeks to produce positive results for the social good. One of the problems she identifies is artists' underlying desire to give voice to a community or create a sense of belonging through collaboration in an artwork. Bishop prefers a participatory art that does not treat the community as a New Arcadia woven with good intentions, and that puts forward a more disruptive, problematic and antagonistic image of the human community. She draws attention to projects that have put aside easy, condescending positions, practices that are not concerned with cultural paternalism but see themselves as contending and debating new political frontiers. For Grant Kester (2011), however, the work acts not only as a tool of disruption and provocation, but seeks forms of collective action "that create solidarity within a given organizational structure. In short, [works of dialogical art] challenge the conventional aesthetic autonomy of both the artist and art practice, relative to a given site, context, or constituency."[11]

ASA appropriates and develops elements from both positions. It exhibits local knowledge through the exercise of participation, but does so critically, not naively. This knowledge is transformed by the architectural game of making the thread structure, that is, it shifts from the heavy,

sin embargo, la obra no sólo actúa como una herramienta de disrupción y provocación, sino que busca formas de acción o creación colectiva "que puedan forjar solidaridad dentro de una estructura organizacional dada. En resumen, [el arte dialógico] desafía la autonomía estética convencional de ambos, el artista y la práctica artística, relativa a un sitio, contexto o constitución dada".[11]

ASA aprovecha y desarrolla elementos de ambas posiciones; logra poner de manifiesto los saberes locales a partir del ejercicio participativo, pero lo hace de forma crítica, sin ingenuidad. Esos saberes son transmutados por el juego arquitectónico que es la elevación de la estructura de hilo, es decir, pasan de lo duro o rudo, labores pesadas ligadas a la construcción —levantar, cortar, cargar, soldar, mezclar, aplanar—, a lo blando o fino, actividades ligadas a la construcción de la estructura de hilo —tensar, cortar, hilvanar, coser. El trabajo, la necesidad, la utilidad, se torna juego y experimentación. Posteriormente, el juego arquitectónico se vuelve, de nuevo, arquitectura real, cuando los hermanos Maicol y Anghello abren con martillo y cincel una de las ventanas proyectadas en un muro de la primera planta.

La construcción de la estructura de hilo se convierte en un integrador del grupo participante, pero mediante el simulacro también se manifiestan los desacuerdos latentes del grupo, expresados de forma muy elocuente por el hilo rojo. En el estado de posibilidad, a la par, al alcance de la mano y remoto, factible e inviable, de la casa como refugio y realización de un ideal, reside la poética de la obra.

En el caso de ASA, existe, en primer lugar, un acuerdo mutuo, un intercambio percibido como justo por ambas partes. Éstas actúan desde el empoderamiento y la negociación, y tienen la posibilidad de cancelar el proyecto en cualquier

hard labor of construction—raising, cutting, carrying, welding, mixing, leveling—to the soft, fine activities involved in creating the thread structure —tensioning, cutting, threading, sewing. Work, necessity, utility become game and experiment. Later, the architectural game again becomes real architecture when the brothers Maicol and Anghello use hammer and chisel to open up a ground-floor wall for a proposed window.

The creation of the thread structure brings the group together, but the simulacrum also expresses the latent disagreements among them, eloquently delineated with red thread. It is in this state of possibility, at once within easy reach and remote, feasible yet unviable—the house as refuge and manifestation of an ideal—where the poetry of the work resides.

In the case of ASA there is a mutual agreement—an exchange seen as fair by both sides. Each acts from a position of empowerment and negotiation, and are able to cancel the project at any moment. Both proceed from a logic of mutual advantage to one of confrontation in a third space, one that is neither the terrain of the artist nor of the community, but a fictional plane—the thread structure, which offers a different recourse to each party, and reflects a complex, ambiguous image of the group and its concerns.

The project does not impose a set of predetermined ideas on a site, but allows the work to emerge from it. It was as a result of conversations with the residents, in which they expressed the desire to add more spaces to their home, that the artist proposed the thread structure as a way of giving shape to this desire, which also gave rise to conflict. The design of the structure happened in consultation with the whole group, from the choice of what type of thread to use, to how to

momento; ambas evolucionan de una lógica de aprovechamiento mutuo a una de encuentro en un tercer espacio, que no es exactamente ni el propio terreno del artista ni el de la comunidad, sino un plano ficcional, la estructura de hilo, que a cada uno da respuesta distinta y devuelve una imagen compleja y ambigua del grupo y sus intereses.

El proyecto no impone un set de ideas predeterminadas sobre un emplazamiento, sino que deja que la obra emerja del mismo. Fue a partir de las conversaciones con los residentes, en las que expresaban el anhelo por añadir más espacios a su casa, que la artista planteó la estructura de hilos como manera de dar forma a ese deseo que también da pie al conflicto. El diseño de la estructura sucedió de manera compartida con el grupo participante, desde la elección de qué tipo de hilo utilizar a cómo anclarlo y tensarlo; de dar formas específicas, como una escalera de caracol, a decidir la distribución de las habitaciones y otros espacios.

En síntesis, dentro de la tradición escultórica contemporánea, la arquitectura devino un referente principal, y el acercamiento de diferentes artistas —entre ellos Fred Sandback, Robert Smithson y Gordon Matta-Clark— contribuyó a estrechar su vinculación con los distintos planos de lo arquitectónico y de lo urbano. No obstante, el interés por la arquitectura habitada, por el espacio como un habitáculo —como en el caso de ASA—, no formó, salvo en algunas obras de Gordon Matta-Clark, parte de sus proyectos. En contraste, ASA pone de manifiesto una arquitectura "abierta, modular, flexible, dúctil y cambiante", donde se habita mientras se planea y se construye, a diferencia de la vivienda como mercancía terminada que se construye y después se habita.

anchor and tension it, to deciding on specific structures like a spiral staircase and the distribution of rooms and other spaces.

In short, within the tradition of contemporary sculpture, architecture has become a principal reference point and the approaches of different artists—including Fred Sandback, Robert Smithson and Gordon Matta-Clark—have helped to strengthen its connection with different expressions of architecture and urbanism. However, an interest in inhabited architecture, in the space as a habitat —as in the case of ASA—has not been part of these projects, except in a number of works by Gordon Matta-Clark. By contrast, ASA reveals an architecture that is "open, modular, flexible, malleable and changing," while it is planned and built, unlike homes as finished products that are built, and then afterwards lived in.

# Tensar los hilos

Juan Carlos Cano

# Tightening the Threads

La gente habita en un mundo compuesto ante todo de líneas, no de cosas. A fin de cuentas, ¿qué es una cosa, o incluso una persona, sino un nudo de líneas, de los senderos de crecimiento y movimiento que se aglutinan a su alrededor? En su origen, *cosa* se refería a una reunión de personas y al lugar en donde se reunían para tratar sus asuntos. Como la derivación de la palabra sugiere, toda cosa es un parlamento de líneas.

Tim Ingold, *Líneas: una breve historia*

People inhabit a world that consists, primarily, not of things but of lines. After all, what is a thing, or indeed a person, if not a tying together of the lines—the paths of growth and movement—of all the many constituents gathered there? Originally, *thing* meant a gathering of people, and a place where they would meet to resolve their affairs. As the derivation of the word suggests, every thing is a parliament of lines.

Tim Ingold, *Lines: A Brief History*

En años recientes ha existido un furor por la arquitectura participativa, por la arquitectura de compromiso social. Esto, en apariencia, por la preocupación de las necesidades de vivienda de la mayoría de la población pero que, en cierto sentido, está plagada de culpa o de la necesidad protagonista de muchos despachos de arquitectura por hacer un comentario a pesar de que nadie lo ha pedido. O quizá es un fenómeno que inició con buenas intenciones, en un momento pertinente —la resaca de la crisis económica de 2008—, pero que se ha extendido con cierta ligereza y redundancia. Ante este fenómeno, siempre es sano conservar algo de escepticismo —la duda cínica—: qué tan necesaria es esta ayuda, qué tan honesta resulta o qué tanto es una nueva versión de caridad enseñada en las universidades. Es evidente que hay una aportación clara en cuanto a las asesorías técnicas de los arquitectos e ingenieros, pero también hay una sensación de repetir esquemas innecesarios o, en ocasiones, de propuestas sobreactuadas e ingenuas

In recent years, participatory and socially engaged architectures have become all the rage. This surge appears to arise from a legitimate concern for the housing shortages facing much of the world's population, but often seems charged with a sense of guilt. Perhaps this phenomenon began with good intentions at a timely moment—the aftermath of the 2008 economic crisis—but it has long since outlived its purpose, and now faces criticisms of having become superficial and redundant. It is worth maintaining a healthy skepticism towards such phenomena—to ask: is this "aid" really necessary or integral, does it stem from real concerns about inequality, or is it just a new version of charity taught at universities? It is evident that architects and engineers have made many sound technical contributions to the problem, but there has been a tendency to repeat outmoded ideas and, on occasion, indulge naïve and overblown proposals that are anachronistic to the context in which they have been applied. In a sense, this

que parecen fuera de lugar. De algún modo se percibe como la reiteración de los modelos de arquitectura social de los años sesenta combinados con la excesiva adicción a la publicidad mediática de este inicio de siglo. Siempre queda preguntarse dónde está el equilibrio.

Entre todo este ruido, de pronto aparecen puntos de vista que intentan encontrar este balance: aportaciones que no pretenden analizar ni solucionar los problemas, sino simplemente mostrarlos con franqueza y contribuir con alguna propuesta propositiva que surja de un enfoque distinto; miradas laterales que sirven como relatos del presente. Una de estas contribuciones es el proyecto *Arquitectura sin arquitectos* de Sandra Calvo. Al sumergirse en una investigación de los procesos de autoconstrucción en Colombia, ella se acercó a una familia que estaba en vías de ampliar su casa en Villa Gloria, Ciudad Bolívar, un barrio de Bogotá, y juntos idearon un método para tomar las decisiones del crecimiento de su vivienda. Un ejercicio de observación y participación que terminó siendo un sistema lúdico y eficiente para visualizar los procesos de autoconstrucción. La familia mencionada y Sandra Calvo, junto con todos los que aparecieron por ahí y se unieron a la colaboración, tomaron la casa existente como punto de partida y construyeron con hilos las posibilidades futuras de la vivienda. Utilizaron un código sencillo: hilos negros para los muros, puertas o ventanas en los que existía consenso familiar e hilos rojos para aquellos elementos donde existían discrepancias. De esta manera, el crecimiento quedaba visualizado en tercera dimensión y se podía discutir *in situ* sobre las ventajas o desventajas de hacer tal o cual cosa. El resultado es sorprendente: el método funcionó como un verdadero sistema de organización para la toma de decisiones en el proceso

trend can be seen as a reiteration of social housing models from the 1960s, now newly integrated with the mediated excesses of contemporary publicity campaigns so typical of the early 21$^{st}$ century. It is therefore always pertinent to ask: where is the balance?

Amidst all this noise, approaches emerge that aim to strike this balance, contributions that don't seek to analyze or solve the problems, but simply wish to afford them greater visibility by developing proposals emerging from different viewpoints. These approaches often employ different, more peripheral forms of vision to articulate new perspectives on the present. Stemming from immersive research into self-building processes in Colombia, Sandra Calvo's project exemplifies such initiatives. In Villa Gloria, Ciudad Bolívar, a run-down neighborhood of Bogotá, she approached a family in the process of expanding their house and together they dreamt up a method for making decisions about how best to accomplish this—an exercise in observation and participation that led to creating a playful and efficient system for visualizing self-building processes. Together, Calvo and the family, along with everyone else who turned up to help, took the existing house as a starting point and used thread to demarcate its future possibilities. They used a simple code: black thread for walls, doors or windows where there was family consensus, and red thread for elements over which they disagreed. In this way, the expansion could be visualized in three dimensions and the advantages and disadvantages of a particular course of action could be discussed *in situ*. The result is surprising—the method functioned as a true system of organization for decision-making during the process of building a home. The threads create imaginary spaces that are easily understood

de construir una vivienda. Los hilos crean espacios imaginarios fácilmente comprensibles para los habitantes de la casa. La virtualidad espacial hace más evidentes los probables errores que surgirán durante la construcción, los encuadres de las vistas, los recorridos, etcétera. Además, la recreación abstracta de cada ventana, incluso, de cada ladrillo, sirve para entender no sólo el espacio sino la probable textura del material que lo va a contener.

Al mismo tiempo, los hilos en el aire tienen otro significado: muestran, como dice Calvo, "una obra en estado de apuntalamiento, un gesto escultórico en estado de equilibrio infinito e inestable". Aquí está representada cierta fragilidad vivencial: la vida colgada de un hilo, las condiciones precarias de la vivienda, la inseguridad física de muchas de las construcciones, pero sobre todo la inestabilidad de vivir al límite de las reglas —una condición relativa, ya que la noción de legalidad en los barrios periféricos es prácticamente irreal—: no existen permisos de construcción, evidentemente nadie va a contratar a un arquitecto, los reglamentos son casi nulos y, por lo tanto, el riesgo de ser expulsado o desalojado depende de la habilidad con la que uno se mueva. En estos sitios, la certeza de la propiedad no existe: todo está a medio construir, a medio hacer, no sólo la materia física, sino el completo entendimiento de la interacción social. Por otro lado, estos hilos también se pueden entender de otra manera: representan la solidaridad que se da entre los participantes de la construcción. Una solidez sin la cual es difícil comprender la supervivencia.

Es aquí donde la labor de Sandra Calvo se desmarca del común denominador de las arquitecturas participativas, porque no pretende *hacer el bien*, sino formular un discurso personal acerca

by the residents. Possible errors that might arise during construction become more evident in this virtual space—the view from a window, the flow between rooms. What is more, the abstract rendering of each window, and every brick, helps to conceive not only the space, but also the probable texture of the material that will define it.

At the same time, the suspended threads carry another meaning, revealing, as Calvo points out, "a work in a state of underpinning, a sculptural gesture in an endless, unstable state of equilibrium." It is a representation of lived precarity, perilous housing conditions, but above all it signals the instability of living on the edge of the law—life hanging from a thread. This can only be a relative condition, since the notion of legality itself in these peripheral neighborhoods is practically non-existent. There are no building permits. Obviously no one hires an architect and regulations are few and far between. A result, mitigating the risk of being evicted or expelled depends on people's cunning. In such places, there is no certainty about ownership, everything is half-built, unfinished—not only the physical buildings but also the very foundations of social interaction. On the other hand, these threads can also be understood in a different way: they represent the forged solidarity that exists among the participants of the construction—a solidarity without which their survival would be hard to comprehend.

It is here that Sandra Calvo's work departs from the common denominator of participatory architecture, because she does not intend *to do good*, but rather to formulate a personal discourse about an observed reality. Here we also find the most interesting contradictions, contradictions not exclusive to this work but also found in social interventions by other contemporary artists. In principle,

de la situación observada. Y aquí también se encuentran las contradicciones más interesantes, no exclusivas de este trabajo sino de las intervenciones sociales de los artistas contemporáneos. En principio, la propuesta relatada se puede entender como un ejercicio técnico racional cuyo objetivo es ayudar a las familias a comprender la distribución espacial posible de sus futuras viviendas. Este sistema o método pudo haber sido inventado en el siglo de la Ilustración y, sin embargo, está aterrizando en los descampados posturbanos. Por otro lado, también existe la atracción estética provocada por la aparición de piezas descontextualizadas: una poética de hilos coloridos en medio del aparente desorden. En este sentido, la contradicción parece funcionar. Se sabe que los hilos son elementos temporales, pero se desea que de alguna manera permanezcan para siempre. Se advierte también que esto no tendría sentido alguno. El contexto del que proceden, los barrios de autoconstrucción de las periferias, se desmaterializa; toda la potencia del discurso se reduce a un entendimiento secundario que debe ser mostrado con explicaciones adicionales, con notas a pie de página, y sin embargo se mantiene el encanto de su abstracción, los hilos se convierten en la referencia sutil que remite a los escenarios originales y que se encuentra a medio camino entre lo mundano y lo sublime. Al entrar en el espacio neutro del museo, los hilos dejan de lado su propósito de integración social y hacen evidente una materialidad más cercana a ciertas inquietudes personales. ¿Qué es un hilo en el espacio? ¿Existe un adentro y un afuera de estas líneas? ¿Existen columnas, vigas, ladrillos, ventanas en estas redes de colores? Las líneas se entienden más como un sistema de evocaciones que como la presentación objetiva de un método de diseño.

the proposal can be understood as a rational technical exercise aimed at helping the families understand the possible spatial distribution of their future homes. This system or method could have been invented during the Enlightenment and yet, it suddenly finds a use in present-day post-urban wastelands. On the other hand, there is also the aesthetic attraction caused by the appearance of decontextualized objects—a poetics of colorful threads in the midst of apparent disorder. In this sense, contradictions abound. It is understood that the threads are temporary elements, and yet one wants them to last forever. But one is also aware that this makes no sense. The shanty towns of the urban periphery—the context from which they emerged—fade away. Official discourses fall silent and require additional annotation, yet the charm of this abstraction is maintained—threads subtly delineating the original setting, somewhere between the mundane and the sublime. When entering the neutral space of the gallery, the threads leave aside their purpose of social integration and make evident a materiality closer to more subjective concerns. What is thread in space? Is there an inside and an outside to these lines? Are there columns, beams, bricks, windows amongst these webs of color? The lines are understood more as a system of evocations than the objective presentation of a design method.

However, this abstract and to some extent poetic integrity does not exclude what remains the most important attribute: that the tenuousness of a few threads becomes an indirect commentary on what happens in the urban peripheries. It is clear that the image of the city of the future as a conglomeration of skyscrapers, high-speed transit routes, ubiquitous screens, cutting-edge technology and people only exists in the

Sin embargo esta integridad abstracta —y hasta cierto punto poética— no excluye lo que sigue siendo el discurso de mayor importancia: que la fragilidad de unas líneas se convierta en un comentario indirecto a lo que sucede en las periferias urbanas. Está claro que la imagen de la ciudad del futuro como un conglomerado de rascacielos, vehículos hiperveloces, macropantallas, alta tecnología y gente en neurosis permanente sólo existe en los centros de algunas ciudades desarrolladas. En realidad, el futuro —más bien, el presente— de las grandes urbanizaciones es la periferia de baja escala, desorden y soluciones improvisadas, un mundo metalegal, donde la ausencia de reglas claras es la que permite la creatividad para desarrollar nuevos códigos. Para comprender las ciudades contemporáneas hay que entender sus periferias, esos sitios en apariencia informes que atestiguan el brutal crecimiento demográfico, el flujo humano de la vida rural a la vida urbana. Poblaciones enteras aparecen de la noche a la mañana, sin importar que no existan infraestructuras, servicios o equipamientos; luego se van formalizando, crecen y se convierten en urbanizaciones paralelas a la ciudad a la cual se anexaron. Así, una serie de viviendas autoconstruidas ocupan un espacio antes vacío donde sus habitantes se organizan, conscientes de que son especialistas en la improvisación y el oportunismo, y comienzan a levantar viviendas precarias, efímeras, pero que con el tiempo se ampliarán, se subdividirán, cambiarán de uso, se volverán a ampliar, sin más reglamentos o limitaciones que aquellos que los permitidos por la economía y la intuición. Son las periferias inciertas, lugares donde la vida cuelga de un hilo.

Hay algo de heroico en estos especialistas. Saben que juegan contra las reglas y, al mismo tiempo, saben que en realidad no hay reglas, al contrario,

centres of certain cities in the developed world. In reality, the future—or rather the present—of major urbanizations is the low-rise periphery of disorder and improvised solutions. A world outside the law where the absence of clear rules allows creativity to develop new codes. To understand contemporary cities it is necessary to understand their peripheries; those apparently amorphous places that continually witness brutal demographic growth with the flow of people transitioning from rural to urban lives. Entire populations appear overnight, regardless of whether infrastructure, facilities or services exist. These populations are, then formalized, grow and become urbanizations parallel to the city to which they were annexed. Thus, a series of self-built dwellings come to occupy a previously empty space. Aware that they are specialists in improvisation and resourcefulness, residents self-organize and begin to build precarious, ephemeral homes to be extended over time, subdivided, repurposed, and expanded again, with no regulations or limitations other than those imposed by their finances and imagination. These are the undefined urban peripheries—the places where life hangs by a thread.

There is something intrepid about these specialists. They know that they are playing against the rules and, at the same time, they know that there are no rules. On the contrary, they are the ones establishing the guidelines for contemporary urbanization. They have come upon unexplored territories and transformed them into neighborhoods. They arrive into the city with the hope of finding, if not paradise, at least salvation, and end up creating a whole new way of understanding how urban coexistence functions. Most architects are radically removed from this phenomenon—

ellos están generando las directrices de la urbanización contemporánea. Han llegado a territorios inexplorados y los han transformado en barrios. Llegan a la ciudad con la ilusión de encontrar, si no un paraíso, al menos la salvación, y terminan creando una nueva manera de entender el funcionamiento de la convivencia urbana. Es notorio el alejamiento de la mayoría de los arquitectos hacia este fenómeno, incluso en aquellos que se dedican a gestionar arquitecturas participativas y que prefieren contextos rurales o de escalas pequeñas, donde es más fácil implementar mecanismos de organización comunitaria. La periferia es salvaje, el nuevo Viejo Oeste.

Las últimas hebras del tejido urbano se han autoconstruido en un aparente desorden alejado de los planes de los "especialistas". Ellos llegan después, entre fascinados y anonadados, impotentes ante la contundencia de lo sucedido. Algo similar ocurrió a finales del siglo, cuando los arquitectos se mantuvieron al margen de las innovaciones estructurales y fueron los ingenieros los que vislumbraron el futuro. Hoy en día, el crecimiento informal de las ciudades va marcando la pauta de los ejercicios de diseño y planeación urbana. Ya no hay utopía, hay una realidad improvisada y expandida cuyas repercusiones apenas hemos comenzado a asimilar.

Sucede también que, en cualquier ciudad de cualquier país, todos estos sitios son similares: prácticamente las mismas técnicas constructivas, bloques de concreto o ladrillo, estructuras y losas de concreto armado. El romanticismo arquitectónico ha querido aplicar en estos sitios técnicas constructivas tradicionales o sistemas innovadores con poco éxito. Y es que hay toda una dinámica de estrategia de apropiación de la tierra, de utilización de recursos económicos, que hace que la velocidad de estos procesos de urbanización

even those who dedicate themselves to participatory architecture or those who prefer rural or smaller-scale contexts where it is easier to implement mechanisms of community organization. The urban periphery is wild—a new Wild West.

The most recent threads of the urban fabric have been auto-constructed in apparent chaos, without recourse to the designs of "specialists." They arrive later, fascinated and astonished, dumbstruck by the magnitude of what has happened. Something similar occurred at the end of the 19th century, when architects steered clear of structural innovations and it was engineers who envisioned the future. Today, the informal growth of cities is setting the pace of design and urban planning. There is no longer a utopia, but an improvised and expanded reality whose repercussions we have barely begun to assimilate.

It so happens that, in any given city or country, all these sites are similar, using the same construction techniques—bricks, reinforced concrete and concrete slabs. Architectural romanticism has sought to apply traditional construction techniques or innovative systems to these sites with little success. In reality, there is a whole dynamic to the strategy of land appropriation, of the use of economic resources, which makes the speed of these processes of informal urbanization very difficult to deal with using other methods. Projects such as Sandra Calvo's become gestures alluding to this dynamic, distilling it to visualize the process both explicitly—where participatory design becomes more tangible for the inhabitants—and metaphorically, where the ephemeral threads that served to make decisions are destined to disappear. They are part of an unusual process: "I inhabit, while I build, while I planned," opposed to orthodox conventions that dictate: "I planned, then I build and then I inhabit."

informal sea muy difícil de enfrentar con otros métodos. Por eso, proyectos como el de Sandra Calvo se vuelven guiños que entienden la dinámica, la metabolizan y tratan de visualizar el proceso tanto de manera explícita, donde el diseño participativo se vuelve más tangible para los habitantes, como de manera metafórica, donde los hilos efímeros que sirvieron para tomar decisiones tienen como destino su desaparición. Son parte de un proceso poco común: "habito mientras construyo, mientras planeo", en vez del ortodoxo: "planeo, luego construyo y después habito".

La autoconstrucción ya es la cotidianidad; un ejercicio vital que posee unas reglas particulares en las que la única prohibición es quedarse estático. Cuando empezamos a entender el fenómeno, éste ya ha mutado. El caos aparente de estas construcciones es simplemente otro orden, aquel de las soluciones adaptadas a sus circunstancias. La paradoja es que las ciudades autoconstruidas no tienen una tradición sobre la cual cimentarse ni qué conservar pero tampoco son algo que se deba erradicar y combatir. Es una práctica eficiente y mejorable de ocupación del terreno que usa los escasos recursos a su disposición. Son hilos complejos que se pueden desanudar en cualquier instante, pero que forman una trama sólida bajo el aire, invisible sólo para aquellos que no alcanzan a distinguirla entre tanta transparencia. Aquí lo espacial, lo doméstico y lo urbano quedan unidos por el trazo de unas cuantas líneas en el aire, que sirven de cernidores para separar la arena de la grava. Porque, a fin de cuentas, hemos comenzado a entender aquello que decía Joseph Brodsky: "La periferia no es el lugar donde el mundo se termina, sino el lugar donde el mundo se decanta".[12]

Auto-construction is now commonplace—a crucial exercise with few specific rules, where the sole prohibition is stasis. As soon as we begin to understand the phenomenon, it has already mutated. The apparent chaos of these constructions is simply of a different order, that of solutions adapted to their circumstances. The paradox is that self-built cities have no tradition in which to root themselves or preserve their histories, however nor are they phenomena that should be fought or eradicated. In fact, these are efficient practices for occupying land that uses the scarce resources available. These intricate threads may be loosened at any moment, yet they weave a complex narrative in the air, only invisible to those who fail to distinguish them from the space they inhabit. Here the spatial, the domestic and the urban are united by the trace of a few suspended lines, skeins that usually separate sand from gravel. Now, we can begin to appreciate what Joseph Brodsky spoke of: "The outskirts are not where the world ends, but the place where it unravels."[12]

## En formación: *Arquitectura sin arquitectos y otras paradojas contemporáneas*

Vyjayanthi Venuturupalli Rao

> [...] la gran función de la poesía es devolvernos las situaciones de nuestros sueños. La casa, la habitación, la buhardilla en la que estábamos solos, amueblan el marco de un sueño interminable, un sueño que solamente la poesía, a través de la creación de una obra poética, podría cumplir en su totalidad [...]

> Gaston Bachelard, *La poética del espacio*

Bachelard nos dice que la casa amuebla el marco de un "sueño interminable". En los infinitos asentamientos informales, las periferias autoconstruidas de cientos de ciudades, que forman parte de la vida de millones de personas, la idea de casa y hogar, oscila entre el sueño y la pesadilla. A menudo nosotros, quienes no padecemos estas condiciones precarias como parte de nuestra realidad cotidiana, creamos imágenes que enfatizan la pesadilla, en el mejor de los casos, a expensas de miradas furtivas. Estos modos de mirar, hace mucho que marcan nuestro compromiso con la pobreza, la desaparición de la empatía y el simultáneo surgimiento de la especulación impulsada por la codicia y la avaricia del mundo moderno. La vivienda ha servido a su vez como una plataforma para indagar sobre aquello que nos hace humanos. En el contexto de los múltiples centros megaurbanos del orbe, la vivienda y su construcción son actividades sumamente imaginativas, de hecho son acciones y procesos que desafían radicalmente nuestros conceptos en torno a la creatividad. En este sentido, el trabajo de Sandra Calvo gravita casi orgánicamente hacia estas actividades como

## In-Formation: *Architecture without Architects and Other Contemporary Paradoxes*

> [...] the great function of poetry is to give us back the situations of our dreams. The house, the bedroom, the garret in which we were alone, furnished the framework of an interminable dream, one that poetry alone, through the creation of a poetic work could succeed in achieving completely [...]

> Gaston Bachelard, *The Poetics of Space*

Bachelard tells us that the house furnishes the framework of an "interminable dream." In the endless shantytowns and so called informal settlements, in the self-built, auto-constructed peripheries of hundreds of cities, which furnish the framework of life for millions of people across the globe, the idea of house and home oscillates between dream and nightmare. Too often, we, who do not endure these precarious conditions as our everyday reality create images that highlight the nightmare at the expense of furtive glances, at best. These ways of seeing have long marked our engagement with poverty, the demise of charity and simultaneous rise of speculation driven by greed and avarice in the modern world. Housing, has also served as a platform to interrogate what makes us human. In the context of the world's many mega-urban centers, housing and its building are intensely creative activities, indeed actions and processes that fundamentally challenge our ideas about creativity. In this light, Sandra Calvo's work gravitates almost organically toward these activities, as the site from which to interrogate creative practices that live

el punto a partir del cual se pueden cuestionar las prácticas que existen bajo el amplio rubro del arte contemporáneo. La paradoja, sin embargo, es que estas prácticas a menudo se vuelven invisibles bajo la rúbrica de la *informalidad*, y el reto artístico, por lo tanto, consiste en hacerlas visibles y devolverles el estatus de actos creativos e inspiradores.

A principios del siglo XXI, la informalidad, la pobreza y la vivienda precaria cuentan de modo insistente el discurso sobre las ciudades y sus prácticas relevantes. Este discurso, que se ha desarrollado en torno a múltiples informes y documentos producidos por la ONU y otras agencias multilaterales, produce una imagen particular de la ciudad en la era de la globalización como un escenario de conflicto, dividido por una desigualdad extrema, movimientos masivos de personas y la lucha por conseguir servicios y recursos básicos. La imagen es muy diferente a aquella que se presenta en los escritos sociológicos de comienzos del siglo XX. En los textos de Max Weber, Georg Simmel, Walter Benjamin y Charles Baudelaire, la urbe moderna aparece también como un escenario de conflicto, pero representada de una forma menos material. La ciudad representa aquel lugar donde se lleva a cabo un profundo cambio cultural que va de lo rural, lo agrario y las sociedades cara a cara, a un colectivo de extraños, forzados a vivir en comunidades y a compartir infraestructuras físicas y espacios públicos, obligados también a tener aspiraciones en común de participación en las emergentes formas sociales, industriales y de mercado. Esto era especialmente cierto en relación a las ciudades europeas y estadounidenses de este período, mientras que, en la misma época, aquellas ciudades de las sociedades colonizadas de Latinoamérica, Asia y África, se fueron desarrollando, en forma esquizofrénica, con marcadas divisiones entre sus distritos más modernos y formalizados, y sus distritos vernáculos.

under the expanded rubric of contemporary art. The paradox, however, is that these practices are often made invisible under the rubric of *informality* and the artistic challenge therefore is to render them visible and return to them the status of creative and life-giving acts.

At the beginning of the 21st century, ideas of informality, poverty and substandard living conditions insistently inform the discourse about cities and practices around them. This discourse, which has been cultivated through numerous reports and documents produced by the UN and other multilateral agencies, produces a particular image of the city in the age of globalization as a theatre of conflict, one riven by extreme inequality, mass movements of people and struggle over basic services and resources. This image is very different than the one presented in the sociological writings at the beginning of the 20th century. In the writings of Max Weber, Georg Simmel, Walter Benjamin and Charles Baudelaire, the modern city also appears as a theatre of conflict, but is depicted in a less material way—it represented the site of a profound cultural shift from rural, agrarian and face to face societies to a collective of strangers, shaped into communities through shared physical infrastructure, public spaces and shared aspirations of participation in the emerging industrial and market-based social forms. This was especially true of European and US cities in this period, while in the same period, cities in the colonized societies of Latin America, Asia and Africa developed in a schizophrenic fashion, divided into their more formalized and modern districts and their vernacular districts.

Cities in those countries were flooded with migrants from their hinterlands, both those escaping impoverishment and those aspiring to the

Las urbes de estos países se coparon de migrantes provenientes del interior, escapando de la pobreza y también esperando aprovechar las oportunidades ahora disponibles en las ciudades de estas nuevas naciones. Las contrastantes trayectorias de estas metrópolis han comenzado a confluir en modos inesperados durante los últimos años con drásticos cambios en la economía global. Mientras que numerosas ciudades prósperas del Norte Global que se han ido deteriorando, o se han vuelto menos asequibles y más desiguales, las del Sur Global han tenido que afrontar retos sin precedentes en relación a la migración masiva y la gran falta de viviendas. De este modo, independientemente de las diferencias geográficas y regionales, lo que nos espera en un futuro cercano es el desafío de la degradación y la transformación medioambiental a causa del cambio climático.

Para poder situar la obra de Sandra Calvo, *Arquitectura sin arquitectos* (ASA), es fundamental adentrarse en estos fenómenos históricos y culturales, entender la relación entre la arquitectura y la experiencia de la economía, y desentrañar las muchas tácticas y estrategias que los sujetos urbanos han desarrollado con el pasar del tiempo para lidiar con la labor de ganarse la vida. En ciudades como Bogotá, donde un gran número de personas habita viviendas hechas con sus propias manos, ganarse la vida y construir un hogar están intrínsecamente ligados. Como escribe la artista, la casa no es un mero contenedor para la vida y la arquitectura. O bien, el proceso de armar algo no se trata sólo de realizar una conexión material con el mundo exterior, sino que es un proceso completamente ligado a las formas del ser y sus extensiones; de esta forma la cultura contemporánea del capital financiero se ve reflejada en la política inmobiliaria y la cultura visual de las ciudades contemporáneas.

opportunities available in the cities of these new nations. The diverging trajectories of these cities have begun to converge during the last few years in unexpected ways with dramatic transformations in the global economy. While many formerly prosperous cities in the Global North have fallen into disrepair or become increasingly unaffordable and unequal, cities of the Global South have faced unprecedented challenges associated with mass migrations and massive housing shortages. Thus, regardless of geography and regional differences, the challenge of environmental degradation and transformations due to climate change lie ahead in the near future.

To situate Sandra Calvo's work, *Architecture without Architects* (ASA), it is necessary to take a detour through these broader historical and cultural phenomena, to understand the relationship between architecture and the experience of the economy on the one hand and to unpack the many tactics and strategies that urban subjects have developed over time to cope with the work of making a living. In cities like Bogotá, where vast numbers of people live in auto-constructed housing, making a living and making a home are inextricably intertwined. As the artist herself writes, the house is not a mere container for life and architecture, or the process of putting something together is not merely a process of making a material connection to the outside world but one that is completely entwined with forms of the self and its extensions; henceforth, contemporary cultures of finance capital are reflected in real-estate politics and in the visual cultures of contemporary cities.

## La ciudad informal

Este relato se ocupa del giro en la acepción modernista de la casa como una "máquina para vivir" a una inquietud más contemporánea en torno a los espacios de asentamiento y, por lo tanto, espacios de la vida misma. En una configuración cultural modernista, el vínculo casa-vida es completamente infraestructural; es una máquina para vivir la vida como labor, para cumplir con el potencial del trabajo. En la ciudad contemporánea, sin embargo, la relación entre casa y vida es un síntoma de aquello que el urbanista AbdouMaliq Simone llama de modo enigmático "el espacio más allá de la habitabilidad". Denomina a aquellos que se mudan, migran y son desprendidos de un lugar determinado como "la encarnación de un proceso laboral al que se le prohíbe registrar su acumulación en un sitio específico, a quien no se le permite la acumulación como proceso de consolidación y agrupamiento", sugiriendo que "aquellos que han sido desvinculados, que se mudan y migran, hace tiempo son agentes activos en las múltiples conceptualizaciones del asentamiento". Y pregunta: "¿qué tipo de forma mantiene las cosas separadas y, por ende, en su inmediatez ante las posibilidades de relaciones diversas?"[13]

El proceso en el que Calvo se involucra a través de ASA abarca precisamente esas formas que lo mantienen todo unido, incluso cuando las partes son separadas por la ley, la dominación, los actos de violencia y la eliminación. En este espacio de violencia y degradación diarias, el cuerpo inestable de quien aspira a ser un trabajador *formal*, elabora un espacio fantasmagórico de intersecciones. La *casa* deviene una manera de entretejer el cuerpo con lo rural, con la tierra, con la ciénaga, con la lluvia y con los ritmos cacofónicos del tiempo que se vuelven los principios organizadores del asentamiento.

## The Informal City

This story concerns the shift from modernist understandings of the house as a "machine for living" to a more contemporary restlessness around the spaces of settlement and therefore, of life itself. In a modernist cultural configuration, the house-life connection is fully infrastructural. It is a machine for living life as labor, for realizing the potential of labor. In the contemporary city however, the relationship between housing and life signals what urbanist AbdouMaliq Simone enigmatically calls "space beyond inhabitation." He marks those who move, migrate and are detached from place as the "embodiment of a laboring process prohibited from registering its accumulation in place, prevented from accumulation as a means of gathering up and consolidating place" and suggests that "those who have been detached, who move and migrate have long been active agencies in conceptualizations and concretizations of settlement." He asks, "what kind of form holds things in their detachment, and thus in their immediacy to the possibilities of varied relations?"[13]

The process that Sandra Calvo engages in *Architecture without Architects* precisely touches on those forms that hold things together, even as they are being pulled apart by the law, by domination and by acts of violence and effacement. In this space of everyday violence and degradation, the unsettled body of the *would-be laborer* elaborates a phantasmagoric space of intersections—the *house* becomes a form interweaving the body with the bush, with dirt, swamp, rain and cacophonic rhythms of time that become the ordering principles of settlement.

We must not forget, however, that these expulsions are taking place in the shadows cast by

Sin embargo, no debemos olvidar que estas expulsiones se están dando bajo la sombra de una ciudad que está siendo reconstruida constantemente, y donde la experiencia interna se ha vuelto un "campo de los bienes raíces", como afirma el urbanista Luis Moreno, en una época marcada por la rápida globalización de la economía y la política. La proliferación de asentamientos y de prácticas informales pueden categorizarse en dos tipos: aquellos visibles en los barrios, las favelas, los *zhopadpattis* y otros nombres que se les da en el mundo a aquellos asentamientos construidos precariamente; y aquellos cuidadosamente ocultos y velados bajo torres de acero y vidrio que se multiplican a una velocidad sin precedentes en ciudades del mundo entero, en los que la experiencia interna está reformulada como una función de los bienes raíces.

La ciudad contemporánea se encuentra definida precisamente por la conjunción de estas dos tendencias aparentemente opuestas; paisajes formales e informales que parecen desconectados el uno del otro, ya sea por circunstancia o por diseño. Sin embargo, ambos probablemente son el resultado de un proceso interconectado de especulación y contra-especulación dentro del cual el concepto de informalidad se implementa para demarcar y distinguir prácticas, experiencias y condiciones materiales con cierta apertura hacia la capitalización y, por lo tanto, hacia la destrucción.

En otras palabras, la informalidad es un síntoma de la dominancia de la práctica especulativa que resulta en formas volátiles y a menudo cambiantes, o bien, en formas en constante estado de inestabilidad, en formación. La estabilidad del ambiente construido, la cual se da por sentada, es a su vez blanco de ataque, como una forma de revalorizar el paisaje.

Ciudad tras ciudad, las décadas de la globalización han sido testigos de ciclos de crecimiento a

a city being actively rebuilt, where inner experience itself has become a "field of real estate," as urbanist Luis Moreno puts it, in a period marked by the rapid globalization of economy and politics. The proliferation of informal settlements and practices are of two kinds—those visible in the *barrios, favelas, zhopadpattis* and other names given to auto-constructed settlements the world over, and those carefully hidden and obscured under generic steel and glass towers that are sprouting up at unprecedented speeds in cities across the globe, where inner experience is remade as a function of real estate.

The contemporary city is defined precisely by the conjunction of these two seemingly opposite tendencies—formal and informal landscapes which appear disconnected from each other, whether by circumstance or by design. Yet they may both be the yield of an interconnected process of speculation and counter-speculation within which the concept of informality is deployed to mark out and to distinguish practices, experiences and material conditions as ready for capitalization and thus also marked for destruction.

In other words, informality is a symptom of the dominance of speculative practice which results in volatile and frequently changing built forms or rather of forms in a constant state of unsettlement, in-formation. The stability of the built environment, which is taken for granted, is itself attacked as a way of revaluing the landscape.

In city after city, the decades after globalization have seen cycles of growth through auto-construction and the destruction of these settlements as they become absorbed into other built forms and other forms of value, both fiscal and cultural.

In one sense, remaking the concrete metropolitan form—whether as a prelude to a new

través de la autoconstrucción y de la destrucción de estos asentamientos a medida que son absorbidos por otras formas construidas y otras formas de valor, tanto fiscal como cultural.

En cierto sentido, la continua reconstrucción de la forma metropolitana de concreto —ya sea como el preludio a un nuevo y estable objeto físico, o como una inestable estación de paso en el interminable camino hacia las ganancias— a menudo se presenta como un proceso necesario de autofagia, el consumo del propio tejido de una ciudad, como un proceso metabólico que ocurre naturalmente con el fin de desmantelar sus partes disfuncionales. Mientras que se tiende a optar por la frase "destrucción creativa" para describir este proceso, yo suelo utilizar la idea de la autofagia para subrayar la canibalización de lo vulnerable como una manera de mantener activo el ciclo metabólico urbano, en economías impulsadas por el engaño del crecimiento infinito, a cualquier costo. Las ciudades contemporáneas son la concretización de estos procesos. Tomado en su totalidad, el ambiente construido —de los barrios precarios y las grandes torres, unos al lado de otros— refleja la representación de la informalidad como una patología que puede curarse, en vez de un síntoma de los procesos mismos de capitalización. Cada vez más, esta perspectiva se ha vuelto el motivo dominante de la gobernanza urbana, que apela a la renovación.

Se considera que estas patologías son de distintos cortes: estético, económico, político y social. La informalidad no existe como una lógica *a priori* que hay que descubrir y codificar a través de expertos, sino que surge en forma de redes, estructuras e instituciones, ligadas a ciertas visiones particulares de entidades organizadas y funcionales que están sujetas a los movimientos volátiles del capital, dentro y fuera de las prácticas de la construcción. Sin embargo la idea de la informalidad como una patología

stable, physical object or as an unstable way station on an endless road to profit—is often presented as a necessary process of autophagy, a consumption of the city's own tissue as a naturally occurring, metabolic process to disassemble dysfunctional parts. While the phrase "creative destruction" has long been preferred to describe this process, I use the idea of autophagy to call attention to the cannibalization of the vulnerable as a way of keeping the urban metabolic cycle going in economies driven by the delusion of endless growth, at any cost. Contemporary cities are concretizations of these processes. Taken as a whole, the built environment—of slums and towers side-by-side—reflects this process of autophagy and the depiction of informality as a pathology that can be cured rather than as a symptom of the very processes of capitalization. Increasingly this view of informality as pathology that has to be treated has become the dominant motif in urban governance and in calls for urban renewal and redevelopment.

These pathologies are deemed to be of four distinct kinds—aesthetic, economic, political and social. Elsewhere, I have argued that informality does not exist as an *a priori* logic to be discovered and codified by scholarship but rather emerges as networks, structures and institutions, tethered to particular visions of orderly and functional wholes that are subjected to the volatile movements of capital, in and out of building practices. But the vision of informality as pathology continues to dominate because it is tethered to a particular idea of the city as a singular social, cultural and political unit to which both radical and conservative thinkers adhere. In conservative accounts, the city often appears as a unit whose preservation depends on the expulsion of elements that cause negative feedback to urban infrastructural systems, which

continúa dominando porque está ligada a una visión particular de la ciudad como unidad social, cultural y política única a la que se adhieren pensadores tanto radicales como conservadores. En los informes conservadores, la ciudad a menudo aparece como una unidad cuya preservación depende de la expulsión de aquellos elementos que generan una respuesta negativa a los sistemas urbanos infraestructurales, y que luego son criminalizados como recursos urbanos agotadores. En los informes más radicales, el objetivo del urbanismo es corregir los desequilibrios dentro de la unidad urbana cambiando el rumbo de ciertos caminos infraestructurales para distribuir oportunidades y recursos en forma equitativa a través de los varios grupos y comunidades que habitan la ciudad. Ambas versiones, no obstante, están desconectadas de las realidades de las economías contemporáneas construidas sobre prácticas especulativas que se basan en la suposición de que los sistemas, tanto urbanos como fiscales, son complejos, abiertos y capaces de adaptarse por sí mismos, y no unidades cerradas que se subyugan a caminos preceptivos. Aquí el rol del diseñador y del proyectista es más bien directivo y no preceptivo, permitiendo que las decisiones especulativas asuman una ventaja en cuanto al rendimiento de los sistemas.

Mi sugerencia es que los asentamientos como el de Ciudad Bolívar no son aberraciones ni excepciones sino resultados de estos procesos especulativos, tanto como las torres de acero y vidrio que se construyen a una velocidad alarmante en varias ciudades. Comparados con los paisajes ordenados, uniformes y regulados de las llamadas ciudades desarrolladas y planificadas, los asentamientos informales aparentan ser caóticos y desordenados, y como no parecen estar precedidos por una visión que los ordene, el observador externo tiene que hacer un gran esfuerzo para detectar los principios de su organización.

are then criminalized as draining urban resources. We are all familiar with discourses about slums, slum-dwellers, migrants and immigrants which cast them in such terms. In more radical accounts, the goal of urbanism is to correct imbalances within the urban unit by redirecting infrastructural pathways toward distributing opportunities and resources equitably across the many groups and communities that inhabit the city. Both versions, however, are disconnected from the realities of contemporary economies built on speculative practice, which rest on assumptions that systems—both urban and fiscal—are complex, open-ended and capable of self-adjustment rather than closed wholes following prescriptive pathways. Here the role of the designer and planner is more directive than prescriptive, letting speculative decisions take the lead in directing how the systems perform.

My suggestion is that settlements like Ciudad Bolívar and countless similar contemporary settlements are not aberrations or exceptions, but in fact outcomes of these speculative processes, as much as the slick steel and glass towers that are going up with alarming speed in various cities across the globe. Measured against the orderly, regular and regulated landscapes of the so-called developed and planned cities, settlements like Ciudad Bolívar and similar places look chaotic and disorderly, and since they do not appear to be preceded by an ordering vision, the outsider viewer must work very hard to detect the principles of ordering.

## Arquitectura sin arquitectos, especulación sin espectáculo

¿Cómo se conectan, por lo tanto, estos análisis de la ciudad especulativa contemporánea con las obras de arte contemporáneo? Una vez más, no es casualidad que los artistas contemporáneos hayan adoptado un giro *social*, participando —y no simplemente documentando— y cocreando en lugar de narrar sus experiencias, para incluir a aquellos cuyas vidas representan ostensiblemente la temática de su obra. En muchos sentidos, el arte contemporáneo representa la práctica especulativa en su estado más puro. No tiene un valor simbólico, fiscal o social más allá de aquel que el artista, los espectadores y los patrocinadores quieran darle. A diferencia de otros períodos históricos, el arte se ha disociado de la forma social de un modo fundamental, y la línea que separa el arte de la vida cotidiana sin duda se ha ido borrando.

Tomar en consideración la obra de Sandra desde este punto de vista significa considerar el lugar de la práctica artística en sí misma, ya que está entrelazada con las condiciones y formas de vida de los grupos más vulnerables dentro de una sociedad. En lo que ahora se ha vuelto una famosa conversación con Fulvia Carnevale y John Kelsey, Jacques Rancière dice: "Tanto para los artistas como para todos los demás, existe el problema particular de saber dónde plantar los pies, de saber qué es lo que uno está haciendo en un determinado lugar, en un determinado sistema de intercambio. Uno debe encontrar otras maneras de crear lugares, o bien de darle otros usos a los lugares".[14] Es particularmente problemático saber dónde "plantar los pies" para el forastero que llega a aquellos paisajes atomizados y a veces inutilizados de las periferias autoconstruidas.

## Architecture without Architects, Speculation without Spectacle

How then are these analyses of the speculative contemporary city connected to works of contemporary art? Again, it is no accident that contemporary artists have taken a *social* turn, participating instead of merely documenting and co-creating rather than retelling experiences to include those whose lives are the ostensible subjects of the work. In many ways, contemporary art represents speculative practice at its purest. It has no symbolic, fiscal or social value other than that which the artist, their spectators and patrons choose to endow it with. Unlike in other historical periods, art has become detached from social form in a fundamental way and the line that separates art from everyday life has indeed become frayed.

Considering Calvo's work from this perspective, is to consider the place of artistic practice itself, as it is intertwined with the conditions and ways of living of the most vulnerable groups within a society. In a now famous conversation with Fulvia Carnevale and John Kelsey, Jacques Rancière says: "For artists as for everyone else, there's the particular problem of knowing where to plant one's feet, of knowing what one is doing in a particular place, in a particular system of exchange. One must find other ways to create places or other uses for places."[14] In the atomized and sometimes wasted landscapes of the self-built peripheries, the outsider finds it particularly problematic to know where to "plant one's feet."

For every outsider who steps in must have a purpose, a reason to be there. For some, like the urban anthropologist, the desire is to understand the structures conditioning the periphery, its appearance, the logics of practice that produce

Porque cada forastero que ingresa debe tener un propósito, una razón para estar allí. Para algunos, como para el antropólogo urbano, el deseo es comprender las estructuras que condicionan la periferia, su apariencia, la lógica de la práctica que produce cierto asentamiento y los modos en que sus residentes la viven. Pero para el artista, estar ahí requiere de un tipo de involucramiento totalmente distinto. Allí donde la investigación tiene un lugar totalmente disponible y viable, el arte tiene un sitio mucho más ambivalente dentro de estos sistemas de intercambio.

La labor artística es una labor arriesgada que, en este sentido, también es especulativa, en tanto que la práctica artística crea un valor a partir de la incertidumbre. Aquí apelo a la especulación no en un sentido moralizador, que es un lugar común, sino más bien en su sentido más amplio, de práctica contemporánea que opera en condiciones de incerteza, con la posibilidad de abrir nuevos modos de operar y de extender campos de operación bajo condiciones extremas, para mantener el juego activo. El trabajo de Sandra trae a colación las obras de artistas como Francis Alÿs y otros cuyo trabajo texturiza y divide en capas las experiencias cotidianas para complicar la relación entre sujeto, objeto y espectador. En esta tradición, el artista no muestra lo que sus sujetos han observado, ni provee un testimonio de lo que han visto, como lo haría un antropólogo, la labor artística se concentra más bien en recrear o, mejor dicho, en cocrear las experiencias de sus sujetos, permitiendo que el espectador habite una experiencia subjetiva. La obra en sí no aspira a ser un espectáculo sino más bien un testimonio ante el paso del tiempo y el efecto de la temporalidad.

Leer este trabajo como antropólogo implica excavar la relación entre informalidad y práctica such settlements and the ways in which their residents experience them. But for the artist, being there requires a very different kind of engagement. Where research has a readily available and viable place, art has a much more ambivalent place within these systems of exchange.

In other words, artistic labor is a risky one and is also speculative in this sense. Here, I invoke speculation not in the moralizing sense that is commonplace but rather in its more capacious sense as a contemporary practice of operating under conditions of uncertainty, with the possibility of opening up new ways of operating and of expanding fields of operation under extreme conditions, to keep the game going. Calvo's work brings to mind the oeuvres of artists like Francis Alÿs and others whose work textures and layers everyday experiences with mediations on those experiences to complicate the relationship between subject, object and spectator. In this tradition, the artist does not so much show what they have observed, nor provide testimony for what they have seen as an anthropologist might, but rather the artistic labor is to recreate, or rather co-create, the experiences of their subjects, allowing the viewer or spectator to inhabit a subjective experience. The work itself does not aspire to become a spectacle but to stand as a testament to the passage of time and the work of temporality.

Reading this work as an anthropologist means to excavate the relationship between informality and artistic practice in a nuanced and complex way. If the proliferation of informality signifies a crisis of built and social form, it is similar to that experienced in artistic practice and the rising significance of speculative practice or the imperative to always remain close to that which is in-formation, that which has no form yet and the contexts

artística de un modo complejo y delicado. Si la proliferación de la informalidad implica una crisis en la forma social y construida, es similar a lo que se vive en la práctica artística y el significado cada vez más prominente de la práctica especulativa o el imperativo de permanecer siempre cercano a aquello que esté en *formación* (*in-formation*), aquello que aún no tiene forma, y los contextos en los cuales la forma como tal sólo puede experimentarse a través de la experiencia del paso del tiempo.

Un siglo atrás, George Bataille, el filósofo y escritor surrealista de nacionalidad francesa, llamó a una comprensión de lo que no tiene forma, aquello que permanece oculto en las formas normativas, como un modo alternativo de entender la vida social desde el punto de vista de la materialidad pulverizada y deteriorada que suele ser ignorada y reprimida por la racionalidad formal y lógica del pensamiento filosófico.

No es casualidad que Yves Alain Bois y Rosalind Krauss hayan sido los curadores de una muestra en el Centro Pompidou titulada *Formless*, basada en las ideas de Bataille en torno a la *no forma* como un camino para la creatividad que trae el arte de vuelta al mundo. En la muestra, la temporalidad y la *performance* —y no categorías determinadas de la experiencia estética— forman la base de la creatividad artística.

Siguiendo el camino marcado por Rancière y Bataille, se vuelve posible explorar una relación entre la informalidad y la práctica artística: la informalidad como sujeto, marcando una condición material en el mundo, y la *no forma* como una categorización que se aleja de una visión normativa del mundo. Yo afirmaría que esta relación con la informalidad marca, como bien sugiere Rancière, "la eliminación de la visibilidad del arte como una práctica diferente", así como la supresión de la

in which form as such may only be experienced through the experience of the passage of time.

A century ago, George Bataille, the French surrealist philosopher and writer urged an understanding of the formless, that which remains obscured in normative forms as an alternative way of understanding social life from the perspective of the crushed, debased materiality that is routinely ignored and repressed by the formal, logical rationality of philosophical thought.

Not accidentally, Yves Alain Bois and Rosalind Krauss curated a show at the Pompidou Center titled *Formless*, based on Bataille's ideas of formlessness as a path for creativity that bring art down into the world, in which temporality and performance rather than given categories of aesthetic experience form the basis of artistic creativity.

Following Rancière and Bataille's lead, it becomes possible to explore a relationship between informality and artistic practice—informality as subject, marking a material condition in the world and formlessness as a categorization departing from a normative view of the world. I would argue that this relationship to informality marks, as Rancière suggests, the "erasure of the visibility of art as a distinct practice," as well as the erasure of the distinction between art and lived experience. The artistic turn to the marginal, the peripheral and the ephemeral thus becomes a way of illuminating conditions of life that are in-formation, formless or informal.

I view artistic interventions such as the house re-built in *Architecture without Architects* as part of an ongoing effort to understand and create new fields of operation through a deep play with and within the places that are condemned as pathologically informal. Calvo's phantom house, projected at scale with threads reveals another aspect of this

distinción entre arte y experiencia de vida. El giro de lo artístico hacia lo marginal, lo periférico y lo efímero se vuelven, por lo tanto, una forma de iluminar las condiciones de vida que están *en formación*, que no tiene forma o que son informales.

Entiendo las intervenciones artísticas —como la casa reconstruida en *Arquitectura sin arquitectos*—, como parte de un esfuerzo continuo por entender y crear nuevos campos de operación mediante una interacción profunda con, y dentro de, los lugares que han sido tachados como lugares patológicamente informales. La casa de hilo de Sandra, muestra la fragilidad, así como la fungibilidad, del conocimiento. Su obra muestra la imposibilidad de dividir pensamiento y construcción, y que, incluso, cuando se proyecta un *plan*, éste nunca termina siendo el resultado del pensamiento puro, sino la obra de las manos del trabajador y de los materiales a su alcance. Por ende, en su representación, *Arquitectura sin arquitectos* revela de manera brillante el modo en que el espectador siempre es un habitante: se trate de una audiencia en una galería de arte en la Ciudad de México o de un grupo de gente en Mumbai que vive en circunstancias similares a los habitantes de Ciudad Bolívar.

*Arquitectura sin arquitectos* suma una nueva vuelta de tuerca a este relato contemporáneo mediante la cocreación de escenarios, dentro de los cuales el juego especulativo —del arte, la construcción y la economía— se juntan revelando su poderosa intimidad dentro del mundo contemporáneo. Tomado como una totalidad —con las voces y proyecciones de los constructores, los teóricos, y los habitantes-espectadores—, *Arquitectura sin arquitectos* nos incita volver a analizar aquellos procesos en formación y el rol del tiempo en la apertura de nuevos espacios de intervención.

intervention that illustrates this point. The house of thread shows the fragility as well as the fungibility of knowledge. Her work showed the impossibility of dividing thinking and building and that even when a *plan* is projected, it is never the work of pure thought but the work of the hands and of materials available to the laborer. Thus, in its presentation, *Architecture without Architects* brilliantly reveals how the spectator is always the dweller, whether the audience is in a gallery in Mexico City or a group of people in Mumbai who live in circumstances similar to those in Ciudad Bolívar.

*Architecture without Architects* adds a further twist to this contemporary tale by co-creating the scenarios within which these different types of speculative play—that of art, of building and of finance—come together revealing their powerful intimacy within the contemporary world. Taken as a whole, with the voices and the projections of the builders and the thinkers and the spectator-dwellers, *Architecture without Architects* provokes us to look again at the very processes of form-giving and the role of time in opening up new spaces of operation.

Estirar el trazo
Tatiana Lipkes | Sandra Calvo

To Stretch the Trace

Estirar el trazo del paisaje hasta crear líneas rectas,
geometría emocional
incertidumbre suspendida

To stretch the landscape until creating straight lines,
emotional geometry
suspended uncertainty

*habito mientras construyo mientras planeo*
*mientras resisto mientras me desalojan*

*I inhabit while I build while I plan*
*while I resist while I'm evicted*

Ruinas
fracturas
pedazos
montículos

Ruins
fractures
pieces
mounds

Hilo tensado —con tintura roja—
de un clavo a otro en cada extremidad:
nivelar

Red-dyed thread,
taut between one nail and another:
leveling

*habito mientras construyo mientras planeo*
*mientras resisto mientras me desalojan*

*I inhabit while I build while I plan*
*while I resist while I'm evicted*

Construcción abierta, en flujo,
la casa como fábrica.
Una casa que se habita, se trabaja,
se construye, se planea.

Unfinished construction, in flux,
the house as factory.
A house that is lived in, worked on,
built, planned.

Plasticidad del reciclaje:
lo viejo que se vuelve nuevo
para envejecer de nuevo.

Plasticity of recycling:
what is old becomes new
only to become old again.

Cascajo apilado entre la maleza,
retazos de lona,
piedras.
Castillos de varilla oxidados.

Rubble piled among the weeds,
shreds of tarp,
stones.
Rusting rebar columns.

Obra negra perpetua.
No existe diferencia entre
la vida y la casa.
Aquí no hay utopía.

Perpetually unfinished.
No difference between
life and home.
No utopia here.

Lo mínimo:
    ladrillos,
    láminas,
    arena, grava, cemento: concreto,
    escala de grises.

Periferia, margen, barrera.
Difuso.

Puertas ventanas muros escaleras
filamentos que marcan
espacios imaginarios,
una escultura sin peso.

    Estado de apuntalamiento
    la geometría es flexible.
    El negro: consenso
    El rojo: discordia.

    *habito mientras construyo mientras planeo*
    *mientras resisto mientras me desalojan*

    máquinas
    escombros
    memoria

Levantar una leyenda:
los hilos redefinen la estructura.

El espacio es el marco donde nos construimos
permanece abierto, oscila entre un estado inicial
y otro inconcluso.

Y el ciclo que nunca se cierra:
estado de equilibrio inestable.

    *Vuelvo a habitar reconstruyo planeo*
    *resisto me vuelven a desalojar*


A bare minimum:
    bricks,
    tin sheets,
    sand, gravel, cement: concrete,
    grayscale.

Periphery, margin, barrier.
Diffuse.

Doors windows walls stairs
filaments that mark out
imaginary spaces,
a weightless sculpture.

    A state of brace
    the geometry is flexible.
    Black: consensus
    Red: discord.

    *I inhabit while I build while I plan*
    *while I resist while I'm evicted*

    machines
    rubble
    memory

To construct a myth:
threads redefining the structure.

The space, the frame where we build
remaining open——oscillates between an initial state
and another, unfinished.

The cycle that never closes:
unstable state of equilibrium.

    *I inhabit again rebuild replan*
    *I resist again I'm evicted*

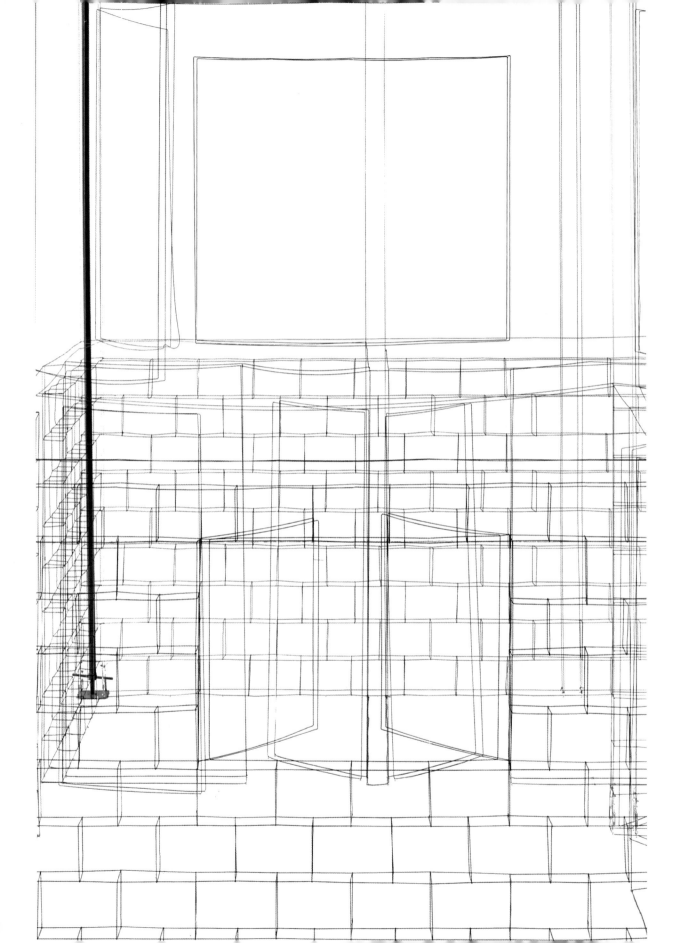

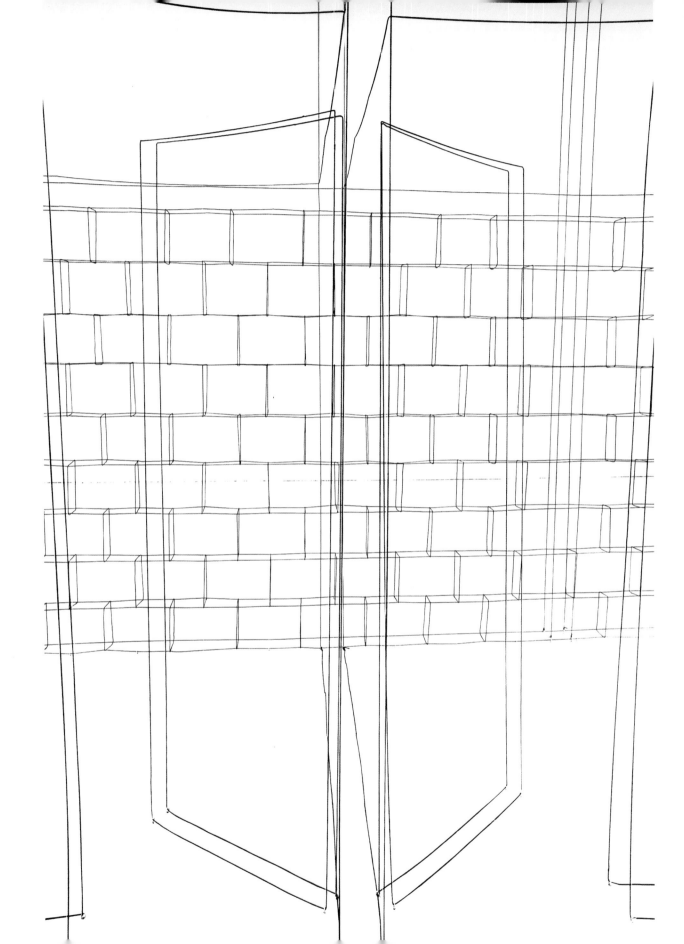

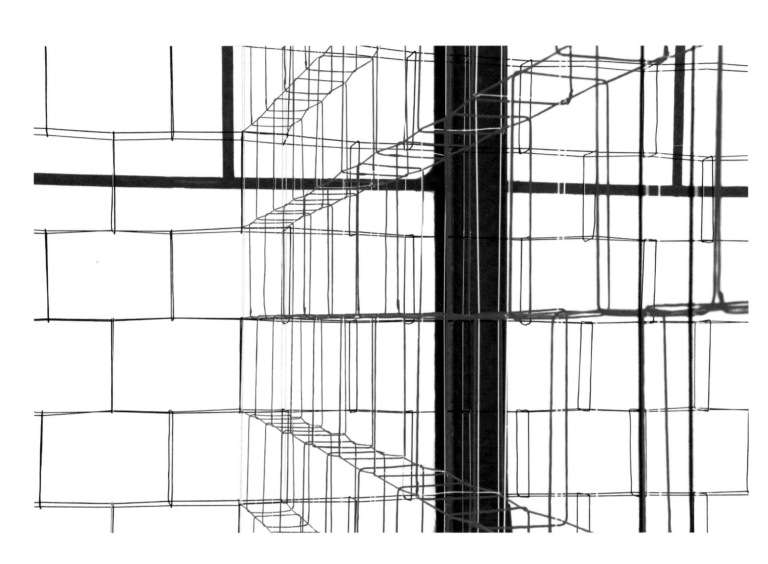

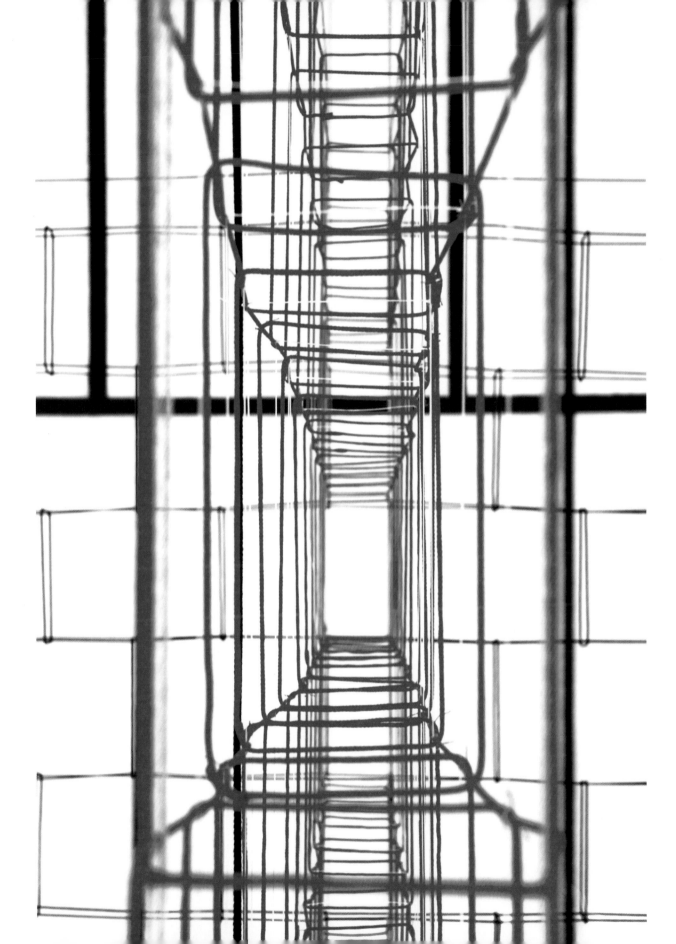

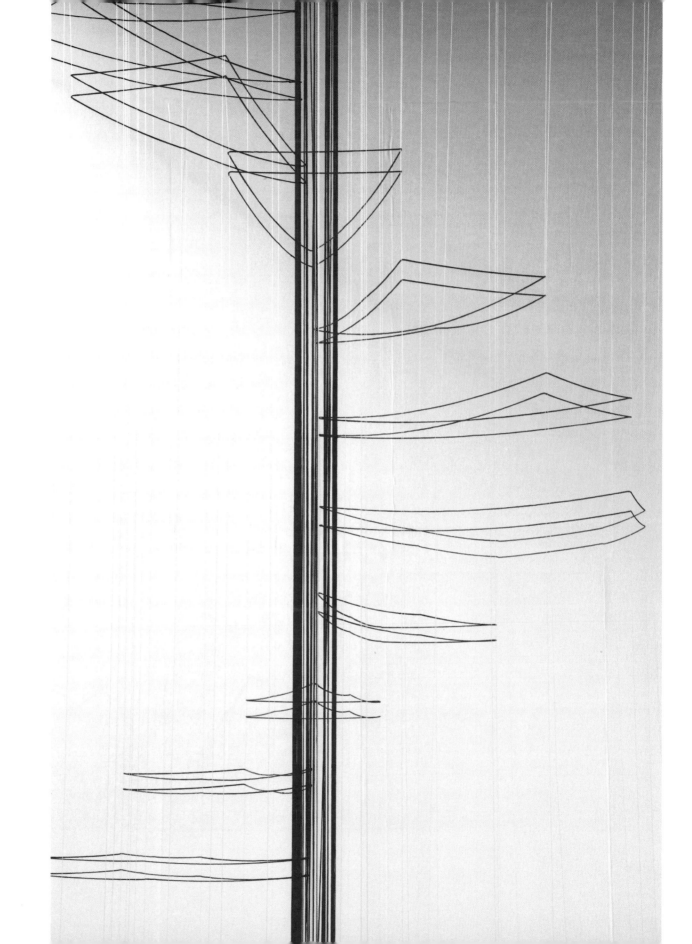

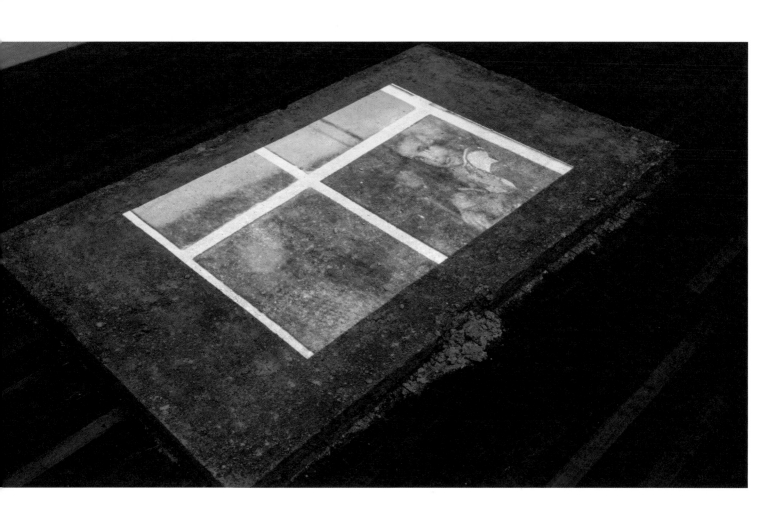

## Notas

1 El proyecto recupera el título del mítico libro del arquitecto Bernard Rudofsky, *Architecture without Architects: A Short Introduction to Non-pedigree Architecture*, 1964. El libro es una invitación a considerar las virtudes estéticas y funcionales de la arquitectura vernácula, más allá de los estereotipos y el desdén que sobre la misma proyecta la arquitectura moderna. El actual proyecto retoma el espíritu libertario de Rudofsky, pero en vez de dirigir su mirada a la arquitectura vernácula rural, lo hace hacia la vivienda de autoconstrucción, en el ámbito urbano.

2 Término utilizado en estudios postcoloniales para referirse a los llamados países en vías de desarrollo, los cuales comparten una historia de colonialismo, neocolonialismo y grandes desigualdades en niveles y esperanza de vida. Véase Diana Mitlin y David Satterthwaite. *Urban Poverty in the Global South: Scale and Nature*, 2013.

3 Universidad Nacional de Colombia, Idartes y Galería Santa Fe.

4 Concepto de Robert Smithson para definir el estado entrópico del paisaje industrial de un sitio periférico y disperso. Véase en *A Tour of the Monuments of Passaic*, 1967.

5 James C. Scott, *Seeing Like a State*, 1998. El autor, reinterpretando una idea griega, postula la *metis* como el uso de conocimientos intuitivos, prácticos y locales —al igual que habilidades populares— para resolver problemáticas socavadas por el capitalismo burocrático y reemplazadas por procesos estandarizados. *Arquitectura sin arquitectos* reivindica la autoconstrucción como forma de *metis*.

6 La primera fase consiste en el acercamiento, la construcción de confianza, el conocimiento de las historias de vida y las actividades cotidianas de la gente. Elaborar un retrato: entrar en un grupo, retratar lo que hacen, seguir sus procesos de trabajo, a manera de una historia; como la crónica social que nace en los siglos XIX y XX; a través de toda una serie de herramientas que van desde de la novela costumbrista o de retrato de sociedad a formas de cine, antropología, documentalismo y etnografía.

7 Proveniente del náhuatl, *tequio* o *tequitl* se refiere a una antigua forma de trabajo basada en el intercambio y la labor colectiva; lo que todo vecino de un pueblo debe a su comunidad. Costumbre prehispánica que con diversos matices continúa arraigada en diferentes comunidades de Latinoamérica.

8 Instituto Nacional de Vivienda de Interés Social y Reforma Urbana.

## Notes

1 The project derives its title from the famous 1964 book by architect Bernard Rudofsky entitled *Architecture without Architects: A Short Introduction to Non-pedigreed Architecture*. The book is an invitation to consider the aesthetic and functional virtues of vernacular architecture, beyond the stereotypes and disdain that modern architecture projects on it. This project takes up the democratic spirit of Rudofsky but, instead of turning its gaze to rural vernacular architecture, looks towards self-built housing in the urban environment.

2 Diana Mitlin and David Satterthwaite. *Urban Poverty in the Global South: Scale and Nature*, 2013. A term used in postcolonial studies to refer to so-called developing countries that share a history of colonialism, neo-colonialism and major inequalities in terms of living standards and life expectancy.

3 Universidad Nacional de Colombia, Idartes and Galería Santa Fe.

4 A concept used by Robert Smithson to define the entropic state of peripheral sites that make up the post-industrial landscape in *A Tour of the Monuments of Passaic*, 1967.

5 James C. Scott. *Seeing Like a State*, 1998. Reinterpreting an Ancient Greek concept, the author postulates *metis* as the use of intuitive, practical and local knowledge—like artisan skills—to resolve problems that are rapidly undermined by state capitalism and replaced by automatization. *Architecture without Architects* argues that auto-construction is a form of *metis*.

6 The first phase consists of developing an approach—building trust by learning the life story and daily activities of the people—to create a portrait, a chronicle like the social novel that emerged in the 19th and 20th centuries, using a whole series of tools ranging from the novel of manners or the society portrait to forms of cinema, anthropology, documentary and ethnography.

7 From the Náhuatl, *tequio* or *tequitl*, an old form of labor based on exchange and collective work—what every resident of a settlement owes to the community. A pre-hispanic custom that, with differing nuances, continues to be rooted in different communities of Latin America.

8 National Institute for Social Interest Housing and Urban Reform.

9 Jack Flam (ed.) *Robert Smithson, the Collected Writings*, 1996, p. 95.

10 Gordon Matta-Clark, carta a Harold Stern, asistente del comisionado del Departamento de Bienes Raíces de Nueva York, 1971.

11 Grant Kester. *The One and the Many: Contemporary Collaborative Art in a Global Context*, 2011, p. 65.

12 Joseph Brodsky. *Less Than One: Selected Essays*. 1986, p. 164.

13 AbdouMaliq Simone. "Detachment down South: on salvage operations and city-making" en Kerry Bystrom, Ashleigh Harris y Andrew J. Webber (eds.) *South and North: Contemporary Urban Orientations (Literary Cultures of the Global South)*, 2018, pp. 23-41.

14 Rancière, Jacques, Fulvia Carnevale, y John Kelsey. "Art of the Possible: Fulvia Carnevale and John Kelsey in Conversation with Jacques Rancière" en Emiliano Battista (ed.) *Dissenting Words: Interviews with Jaques Rancière*, 2017, p. 236.

9 Jack Flam (ed.) *Robert Smithson, the Collected Writings*, 1996, p.95.

10 Gordon Matta-Clark, letter to Harold Stern, assistant commissioner in the Department of Real Estate in New York, 1971.

11 Grant Kester. *The One and the Many: Contemporary Collaborative Art in a Global Context*, 2011, p. 65.

12 Brodsky, Joseph. *Less Than One: Selected Essays*. 1986, p. 164.

13 AbdouMaliq Simone "Detachment down South: on salvage operations and city-making" in Kerry Bystrom, Ashleigh Harris y Andrew J. Webber (eds.) *South and North: Contemporary Urban Orientations (Literary Cultures of the Global South)*, 2018, pp. 23-41.

14 Rancière, Jacques, Fulvia Carnevale & John Kelsey. "Art of the Possible: Fulvia Carnevale and John Kelsey in Conversation with Jacques Rancière" in Emiliano Battista (ed.) *Dissenting Words: Interviews with Jaques Rancière*, 2017, p. 236.

## Notas fotográficas

pp. 18-19: Herramienta comunitaria.

pp. 76-77: Los hermanos Anghello y Maicol confeccionan ropa.

p. 81: Lucila trabaja en la tienda bar dentro de su lote.

pp. 94-95: Mesa de tablones de madera, ladrillos y cubetas de pintura vacías dispuestos por la familia para discutir la construcción de la plancha y el segundo piso. La disposición y los materiales remiten a lo que Bruno Latour llama una acción política que condiciona el diálogo.

p. 101: Esbozo de la escalera de hilos dibujada por Maicol.

pp. 116-117: Maicol coloca la ventana de su casa. Esta fue la primera renovación que se hizo sobre de la casa después de la discusión y la proyección de la casa de hilo.

pp. 134-135: Instalación de casa en hilo tensado a escala real. Villa Gloria, Ciudad Bolívar, Bogotá, Colombia.

pp. 146-147: Plano de las divisiones del primer piso, trazado con piedra de terracota.

pp. 162-163: Instalación de casa en hilo tensado a escala real. Museo Universitario del Chopo, Ciudad de México. Medidas: 6 × 8 × 5 m.

pp. 174-175: Proyección multicanal sobre estructura de vidrio y falso concreto que despliega la imagen en un eje (x, y, z). Galería Santa Fe, Bogotá. Medidas: 4 × 3.5 × 1.15 m.

pp. 176-177: Proyección monocanal sobre ensamble de láminas superpuestas apoyadas a muro. Galería Santa Fe, Bogotá. Medidas: 3 × 3 m.

pp. 178-179: Proyección monocanal sobre una pantalla de concreto en polvo, que se va dispersando con la circulación de los espectadores. Galería Santa Fe, Bogotá. Medidas: 1.50 × 0.75 m.

pp. 180-181: Proyección monocanal sobre cinco láminas de vidrio que juega con la repetición y el desvanecimiento progresivo de la imagen. Galería Santa Fe, Bogotá. Medidas: 4 × 1 × 1 m.

pp. 182-183: Proyección monocanal sobre pantalla de vidrio sostenida por varillas y bloques que genera una impresión de flotación de las imágenes. Galería Santa Fe, Bogotá. Medidas: 2 × 3 m.

## Photographic notes

pp. 18-19 Community tools.

pp. 76-77 Anghello and Maicol, at work manufacturing clothing.

p. 81 Lucila at work in the bar/shop inside her lot.

pp. 94-95 Table of wooden planks, bricks, and empty paint buckets arranged by the family to discuss the construction of the concrete slab and the second floor. The disposition and the materials is what Bruno Latour calls a political action that conditions dialogue.

p. 101 Sketch of the stairway of thread drawn by Maicol.

pp. 116-17 Maicol installs the window of their house. This was the first renovation completed on the house after the discussion and the projection of the house of thread.

pp. 134-135 Cotton thread installation on a 1:1 scale. Villa Gloria, Ciudad Bolívar, Bogotá, Colombia.

pp. 146-147 Blueprint of the divisions of the first floor, traced with terracotta stone.

pp. 162-163 Cotton thread installation on a 1:1 scale. Museo Universitario del Chopo, Mexico City. Size: 6 × 8 × 5 m.

pp. 174-175 Multichannel projection on a glass structure and false concrete that displays the image in an axis (x,y,z). Galería Santa Fe, Bogotá. Size: 4 × 3.5 × 1.15 m.

pp. 176-177 Single-channel projection on an assembly of superimposed wall-supported sheets. Galería Santa Fe, Bogotá. Size: 3 × 3 m.

pp. 178-179 Single-channel projection on a screen of powdered concrete, which disperses with the circulation of the spectators. Galería Santa Fe, Bogotá. Size: 1.50 × 0.75 m.

pp. 180-181 Single-channel projection on five sheets of glass that plays with the progressive repetition and fading of the image. Galería Santa Fe, Bogotá. Size: 4 × 1 × 1 m.

pp. 182-183 Single-channel projection on a glass screen supported by steel rods and bricks that generates a floating impression of the images. Galería Santa Fe, Bogotá. Size: 2 × 3 m.

## Bibliografía | Bibliography

Appadurai, Arjun (2000). "Spectral Housing and Urban Cleansing: Notes on Millennial Mumbai", *Public Culture* 12 (3): 627-651.

Bishop, Claire (2004). "Antagonism and Relational Aesthetics", *October* 110 (Autumn): 51-79.

Bois, Yves-Alain Bois, Rosalind Krauss (1997). *Formless: A User's Guide*, Nueva York: Zone Books.

Calvo, Sandra (2014). "Arquitectura sin arquitectos", *Mula Blanca* 10: 44-51.

___(2014). "Arquitectura sin arquitectos", *Domus* (23): 42-44.

Deutsche, Rosalyn. (2006). "The Art of Not Being Governed Quite So Much", Matthias Flügge, Robert Fleck (eds.) *Hans Haacke: For Real–Works 1959-2006*, Düsseldorf: Richter.

Garcés, Marina (2011). "La honestidad con lo real", Álvaro de los Ángeles (ed.) *El arte en cuestión*, Valencia: Sala Parpalló. 205-216.

Kapuściński, Ryszard (2007). *Encuentro con el otro*, Barcelona: Editorial Anagrama.

___(2010). *Un día más con vida*, Barcelona: Editorial Anagrama.

___(2001). *Shadow of the sun*, Londres: Penguin Books.

Kester, Grant (2011). *The One and the Many: Contemporary Collaborative Art in a Global Context*, Durham: Duke University Press.

Kwon, Miwon (2002). *One Place Another. Site-specific Art and Locational Identity*, Cambridge, MA: The MIT Press.

Latour, Bruno (1993). *We Have Never Been Modern*, Cambridge, MA: Harvard University Press.

Lungo, Mario, *et al.* (1996). "La Autoconstrucción del Hábitat Popular: Perspectivas frente a los cambios estructurales de la Economía y la Sociedad", *Reflexiones sobre la autoconstrucción del hábitat popular en América Latina*. Programa Iberoamericano de Ciencia y Tecnología para el Desarrollo (CYTED), http://hdrnet.org/71/1/REFLEXIO.pdf

Matta-Clark, Gordon (1971). Carta a Harold Stern, Departamento de Bienes Raíces. Nueva York, Julio 10. Letter to Harold Stern, assistant commissioner in the Department of Real Estate. New York, July 10.

Mitlin, Diana, David Satterthwaite (2013). *Urban Poverty in the Global South: Scale and Nature*, Nueva York, Londres: Routledge.

Moreno, Luis (2018). "Always Crashing in the Same City: Real Estate, Psychic Capital and Planetary Desire", *City, Taylor & Francis Journals*, 22(1): 152-168.

Ortiz Antoranz, Pedro (2015). *Arquitectura sin arquitectos (ASA)*, (Tesis de maestría) UNAM.

Rancière, Jacques (2006). *The Politics of Aesthetics*. Londres: Bloomsbury Academic.

Rancière, Jacques, Fulvia Carnevale, John Kelsey (2017). "Art of the Possible: Fulvia Carnevale and John Kelsey in Conversation with Jacques Rancière", Emiliano Battista (ed.) *Dissenting Words: Interviews with Jaques Rancière*, New York: Bloomsbury Academic.

Rudofsky, Bernard (1964). *Architecture without Architects: A Short Introduction to Non-pedigree Architecture*, Nueva York: UNM Press.

Russi Kirshner, Judith (1992). "Entrevista con Gordon Matta-Clark", *Gordon Matta-Clark 313*, Valencia: Institut Valencià d'Art Modern (IVAM).

Said, Edward (1978). *Orientalism*, Nueva York: Pantheon Books.

Scott, James C. (1998). *Seeing like a State. How Certain Schemes to Improve the Human Condition Have Failed*, Yale: Yale University Press.

Simone, AbdouMaliq (2018). "Detachment Down South: On Salvage Operations and City-making", Kerry Bystrom, Ashleigh Harris, Andrew J. Webber (eds.) *South and North: Contemporary Urban Orientations (Literary Cultures of the Global South)*, Londres, Nueva York: Routledge.

Smithson, Robert (1967). "A Tour of the Monuments of Passaic, Nueva Jersey", *Artforum*, 6(4): 52-57.

___(1973). "Entropy Made Visible – Interview with Alison Sky", Jack Flam (ed.) (1996). *Robert Smithson, the Collected Writings*, Berkeley: University of California Press. 301-309.

___(1996). "A Provisional Theory of Non-Sites", Jack Flam (ed.) *Robert Smithson, the Collected Writings*, Berkeley: University of California Press. 364.

Sontag, Susan (2003). *Regarding the Pain of Others*, Nueva York: Picador.

Tzvetan Todorov (2010). *Nosotros y los otros. Reflexión sobre la diversidad humana*, España: Siglo XXI Editores.

Venuturupalli Rao, Vyjayanthi (2015). "Speculation Now", Vyjayanthi Venuturupalli Rao, Prem Krishnamurthy, Carin Kuoni (eds.) *Essays and Artworks*, Durham: Duke University Press. 14-25.

## Arquitectura sin arquitectos en el Museo del Chopo
José Luis Paredes Pacho

Desde su fundación, hace más de cuarenta años, el Museo Universitario del Chopo se ha dedicado a indagar en las disciplinas contemporáneas más vivas, así como en las prácticas culturales que navegan a contracorriente del reconocimiento oficial y de los sistemas de legitimación artística. Además de establecer cruces entre distintas ramas del arte y el pensamiento, el Museo genera proyectos colaborativos y presenta propuestas vinculadas a distintas comunidades, sean lúdicas, simbólicas, subculturales, productivas o barriales. Entre las líneas estratégicas del Museo se encuentra la reflexión en torno al espacio urbano, la arquitectura, las economías de producción cultural y las redes sociales que generan. En este marco, en 2014 se programó la exposición *Arquitectura sin arquitectos*, de la artista mexicana Sandra Calvo.

Durante el siglo XX la promesa de modernidad de los Estados latinoamericanos rigió la expansión de sus urbes, pero delineó también su contraparte: el surgimiento de amplios asentamientos precarios en los alrededores de las nuevas megalópolis. Como parte de esta otra modernidad, los habitantes de estos asentamientos levantaron sus viviendas sobre terrenos no habilitados mediante procesos de autoconstrucción. La artista echó mano de distintas herramientas para investigar esos procesos, desde recursos cinematográficos, documentales y etnográficos hasta narrativos. La obra constó de un documental expandido y una escultura transitable: una instalación hipertextual que registró mediante hilos de distinto color —negro para consenso; rojo para disenso—, los espacios que la familia buscaba construir en un futuro; una suerte de poética prospectiva, un ensayo participativo.

Este libro es testimonio de la experiencia de la artista con la familia y la comunidad de Ciudad Bolívar. Un análisis retrospectivo sobre el proyecto *in situ* y sus distintas aristas desde la antropología, la arquitectura y la historia del arte. Un registro de su despliegue en el espacio expositivo del Museo y una profundización en torno a las reflexiones de estos procesos urbanos, sociales, y sobre la propia práctica artística. ASA ahonda en estos temas de sumo interés para el Museo, espacio de encuentro y reflexión entre el arte, la cultura y la calle.

## Architecture without Architects in Museo del Chopo

Since it was founded over 40 years ago, Museo Universitario del Chopo has been dedicated to exploring the most dynamic contemporary artistic disciplines and cultural practices in the region that go against the flow of official recognition and established systems of artistic legitimation. As well as establishing connections between different branches of art and thought, the Museum generates collaborative projects and presents proposals linked to different communities. These projects have their genesis in a wide range of different, social phenomena, leisure activities, symbols, subcultures, types of production, or neighborhoods. The strategic approach taken by the museum reflects its interest in the concepts of urban space, architecture, the economies of cultural production and the social networks these generate. In 2014, as part of this programming, it hosted the exhibition *Architecture without Architects* by the Mexican artist Sandra Calvo.

During the 20th century, the promise of modernity governed the expansion of the Latin American cities, and delineated its counterpart—the emergence of large precarious settlements around the peripheries of the new megacities. As part of this other modernity, the inhabitants of these settlements built their homes on unregulated lands through self-building processes. The artist used different tools to investigate those processes, from film, documentary and ethnography to narrative resources. The work consisted of an expanded documentary and an inhabitable sculpture: a hypertextual installation that registered—using threads of different colors (black for consensus, red for dissensus)—the future spaces the family aimed to build,—a type of prospective poetics or participatory essay.

This book is a testimony of the artist's experience with the community of Ciudad Bolívar—a retrospective analysis of the *in situ* project from the perspective of anthropology, architecture and art history. It also serves as a record of its deployment in the exhibition space of the Museum, and as an in-depth reflection on the artistic practice itself. ASA by Sandra Calvo delves into these topics of particular interest for the museum—a place to house dialogues between art, culture and urban spaces.

## Agradecimientos

A Gaspar Puentes, María Velandia, Lucila Moreno, Odilia Puentes y Angie Puentes por su generosidad y entrega. A Maicol Ramírez, Anghello Gil Moreno y Celestino Guerrero por su enseñanza; toda mi admiración y agradecimiento a su labor, su fortaleza y su ingenio. Este libro está dedicado a ellos, coautores de este proyecto, sin su estrecha colaboración *Arquitectura sin arquitectos* sería inconcebible.

A Pedro Ortiz Antoranz, cómplice creativo de este proceso, y a quien le debo toda mi gratitud por invitarme a un diálogo vital de quince años que me forjó como persona y artista. Todo mi cariño y reconocimiento.

A mi amigo, el novelista cubano José Manuel Prieto por su entusiasta aportación, oportunos comentarios y cuidado minucioso en la edición de los textos.

A Elizabeth Guerrero por su colaboración, profesionalismo, revisión y corrección puntual de los ensayos en la formación del libro.

A los entusiastas colegas José Luis Paredes Pacho, Cristina Lleras, Ramón Jiménez Cuen y Aimée Labarrere por impulsar y hacer posible la exhibición y realización del proyecto.

A mis queridos amigos Verity Oswin, Verónica Zebadúa, Maira Colín, Carolina Zúñiga, Tatiana Lipkes, Roy Ben-Shai, Viviana Melo, Diego Sheinbaum y Saurav Bhattacharyya por su lectura crítica, revisión de las traducciones y observaciones de los textos.

A mis compañeros Eder Castillo y Oscar Moreno por la vinculación con la periferia bogotana.

A mis hermanos Valeria, Patricia y Carlos, y a mis padres Efrén y Patricia por su constante apoyo en mi carrera y por contagiarme de vitalidad, compromiso y persistencia. Gracias por su aliento incondicional.

A mi querida pareja Javier Hinojosa, por su apoyo en el montaje de la obra, el cual no hubiera sido posible sin su ayuda; por su soporte, sus lúcidos consejos, su cariño y su paciencia en este largo proceso. Toda mi gratitud.

A mi amado hijo Leonardo, quien deseo pueda aprender —con y sin h— de esta experiencia que marcó de forma permanente mi devenir y mi entendimiento del mundo.

## Acknowledgments

To Gaspar Puentes, María Velandia, Lucila Moreno, Odilia Puentes and Angie Puentes for their generosity and commitment. To Maicol Ramírez, Anghello Gil Moreno and Celestino Guerrero for everything they taught me; my admiration and gratitude for their hard work, strength and ingenuity. This book is dedicated to them, co-authors of this project. Without their close collaboration *Architecture without Architects* would not have been possible.

To Pedro Ortiz Antoranz, creative companion in this process, and to whom I owe all my gratitude for inviting me on this vital fifteen-year dialogue that has made me the person and artist I am. With love and acknowledgment.

To my friend, the Cuban writer José Manuel Prieto for his enthusiastic contribution, timely comments and meticulous care in editing the texts.

To Elizabeth Guerrero for her collaboration, professionalism, timely proofing and correction of the essays in typesetting the book.

To my enthusiastic colleagues José Luis Paredes Pacho, Cristina Lleras, Ramón Jiménez Cuen and Aimée Labarrere for their encouragement and for making the exhibition and the project a reality.

To my dear friends Verity Oswin, Verónica Zebadúa, Maira Colín, Carolina Zúñiga, Tatiana Lipkes, Roy Ben-Shai, Viviana Melo, Diego Sheinbaum and Saurav Bhattacharyya for their critical reading and reviewing the translations and commenting on the texts.

To my colleagues Eder Castillo and Oscar Moreno for their liaison work in the periphery of Bogotá.

To my siblings Valeria, Patricia and Carlos, and my parents Efrén and Patricia for their unwavering support of my career and for filling me with vitality, commitment and persistence. Thank you for your unconditional encouragement.

To my beloved partner Javier Hinojosa for his support during the installation of the exhibition, which would not have been possible without his assistance; for his help, clear advice, love and patience throughout this whole process. All my gratitude.

To my beloved son Leonardo, who I hope can learn from this experience that permanently marked my understanding of the world.

## Créditos del proyecto | Project credits

Un proyecto de | A project by
Sandra Calvo*

Curaduría | Curatorship
Pedro Ortiz Antoranz

Dirección | Direction
Sandra Calvo

Cámara | Camera
Juan Felipe Ríos

Asistencia de cámara | Camera Assistance
Danilo Hernández, Tomás Martínez

Edición videográfica | Video Editing
Pedro Ortiz Antoranz, Sandra Calvo

Asistencia de edición | Editing Assistance
Axel Muñoz, Jaime Cohen

Sonido directo | Sound Record
Christian González, Diana Jaime

Diseño sonoro | Sound Design
Axel Muñoz

Registro fotográfico | Photographic Record
Alex Dorfsman, Anghello Gil Moreno, Carolina Borrero,
Danilo Hernández, Jorge del Olmo, Sandra Calvo

Coordinación de montaje | Art Installation
Javier Hinojosa, Celestino Guerrero

Asesoría de montaje | Installation Advisory
Anghello Gil Moreno, José David Martínez Otalora,
Maicol Moreno Ramírez

Visualizaciones | Renders
José David Martínez Otalora, Paul Sebastián Mesa

Colaboradores | Collaborators
Anghello Gil Moreno, Angie Puentes Velandia, Celestino
Guerrero, César Gil Moreno, Edisson Velandia Abril,
Eugenia Puentes Velandia, Liliana Gil Moreno, Lucila
Moreno, Luis Aponte, Maicol Moreno Ramírez, María
Eusebia Velandia, Odilia Puentes Velandia, Pedro José
Gil Carlos, Reyes Gaspar Puentes, Viviana Moreno,
Zenaida Moreno

Apoyo a la investigación | Research Support
Instituto Distrital de las Artes (Idartes)
Red de Residencias Artísticas LOCAL
Universidad Nacional de Colombia (UNAL)

Espacios de exposición | Exhibition venues

**Museo Universitario del Chopo
Ciudad de México**

Dirección | Direction
José Luis Paredes Pacho

Curador de exposición | Exhibition Curator
Daniel Garza Usabiaga

Apoyo de montaje | Installations Support
Dalila Grajales, Lydia Fernández, Dalila Silva
Equipo museográfico y de Servicio Social
Museography & Social Service Team

**Galería Santa Fe
Bogotá, Colombia**

Gerencia de Artes Plásticas | Plastic Arts Management
Cristina Lleras

Asesoría gerencia | Management Advisory
Julián Serna

Apoyo de montaje | Installations Support
Diana García, Eliud Díaz Mogollón

**Museo de Arte Contemporáneo de Oaxaca MACO
Oaxaca, México**

Dirección | Direction
Ramón Jiménez Cuen

Curador de exposición | Exhibition Curator
Iván Edeza

Apoyo de montaje | Installations Support
Abel Sánchez Reyes

* Miembro del Sistema Nacional de Creadores de Arte

*Arquitectura sin arquitectos*  |  *Architecture without Architects*

Primera edición, 2020  |  First edition, 2020
D. R. © Arquine, SA de CV
Ámsterdam 163 A
Colonia Hipódromo, 06100
Ciudad de México
arquine.com

D.R. © Universidad Nacional Autónoma de México
Av. Universidad 3000
Ciudad Universitaria, 04510
Ciudad de México

ISBN 978-607-9489-58-8

Textos  |  Texts
© José Luis Paredes Pacho
© Juan Carlos Cano
© Pedro Ortiz Antoranz
© Sandra Calvo
© Tatiana Lipkes
© Vyjayanthi Venuturupalli Rao

Obra y fotografía  |  Artwork & Photography
© Sandra Calvo

Edición  |  Editing
Elizabeth Guerrero Molina
Sandra Calvo

Diseño y concepto  |  Design & Concept
Pamela Limón Ross
Patricia Calvo
Sandra Calvo

Corrección de estilo  |  Copy Editing
Elizabeth Guerrero Molina
Jorge Vázquez Ángeles

Traducción  |  Translation
Ricardo Cazáres
Roy Meuwissen
Verity Oswin

Este libro se hizo posible gracias al apoyo de  |
This book was possible thanks to the support of
Museo Universitario del Chopo
Universidad Nacional Autónoma de México (UNAM)
Fondo Nacional para la Cultura y las Artes (FONCA)

**Arquine**

Dirección  |  Director
Miquel Adrià

Coordinación editorial  |  Publishing Coordinators
Brenda Soto
Selene Patlán

Asesoría de diseño  |  Design Advisory
MixedMedia Press

Corrección de estilo  |  Copy Editing
Pedro Hernández

Traducción  |  Translation
Fionn Petch

Preprensa  |  Prepress
Emilio Breton

*Arquitectura sin arquitectos* fue impreso y encuadernado en julio de 2020 por Asia Pacific Offset, en China. Fue impreso sobre papel IKPP de 120 g. Para su composición se utilizaron las familias tipográficas Gill Sans e Interstate. El tiraje consta de 1,500 ejemplares.  |  *Architecture without Architects* was printed and bound in July 2020 by Asia Pacific Offset in China. It was printed on 120 gsm IKPP paper and set in typefaces of the Gill Sans and Interstate families. The print run was 1,500 copies.